KB127671

어느 여행자의 케케묵은 일기장

어느 여행자의 케케묵은 일기장

김다연 에세이

harmonybook

Memo

여행자의 수첩

Diary

여행자의 일기장

Memo

2015년 1월부터 그해 9월에 이르기까지의 여행 준비 기록

TRAVEL ROUTE
320일간의 세계일주 루트,

태국
6박7일

인도
49박 50일

호주
50박51일

콜롬비아
7박10일

에콰도르
5박6일

쿠바
8박9일

멕시코
15박 16일

벨기에
당일치기

포르투갈
2박 3일

산티아고
순례길
30박 31일

브라질
9박10일

아르헨티나
24박25일

우루과이
5박6일

페루
19박20일

볼리비아
9박10일

칠레
18박19일

스페인
12박13일

모로코
16박17일

프랑스
4박5일

이태리
10박11일

CHECK LIST
세계여행 준비물,

가방

메인가방
48 L

보조가방
25L

크로스백
소형

서류 및 기본

여권 | 황열병접종 증명서 | 여권 사진 | 달러100불

국제학생증 | 하나비바체크카드, 시티은행카드 | 일기장

안전 및 전자기기

붕대 | 자물쇠x4 | 와이어 | 어댑터

침낭 | 디카 | 노트북 | 외장하드 | 충전기

옷 및 신발

경량패딩

긴팔×2
반팔×3

긴바지×2
반바지×1
레깅스×1

바람막이×2

등산복
×1

긴치마×1

수영복

속옷 3세트

양말×3

쿨토시

히트텍×2

등산화

크록스

세면 및 생활 기타

샴푸·린스· 100mL
바디워시·클렌징

스포츠타올
x2

휴대용
로션세트 x7

화장품

선글라스

손톱깎이·면도기

울티슈

칫솔 치약세트

여성용품

판초우의

우산   세탁망

열이약·소화제
타이레놀·밴드

반짇고리

손톱

NAME
여행자명함

MONEY
여행경비마련법 (ver. 2015),

● 에버랜드 . 800만원

○ 시급 6200, 5개월 , 평일상시직
○ 거금의 경비를 벌기위해 뼈빠지게
  일하더라도 이왕이면 재밌게 하고
  싶어서 여러후보중 낙점된 알바.
  다른건 모르겠고, 직원식당이 너무 맛있었음.

● 도서관 . 230만

○ 시급 7000, 2개월 , 평일 9-6
○ 학교에서 근로장학생으로 근무.
  방학 두달만 계약 가능하다는 점,
  업무강도가 높지않다는 점, 시급이
  최저보다 높다는점에서 최고의 알바

● 과외 . 250만원

○ 시급 1-2만원, 9개월, 유동적
○ 대학생이 가장 건강하고 효율적으로
  돈을 벌수 있는 방법이나, 안타깝게도
  역량이 모자라서 과외학생을 구하는건
  하늘의 별따기. 시세보다 저렴하게
  해서 겨우 출국바로직전까지 일함.

● 단기알바 . 200만원

○ 상시직 알바 휴무일에 거의 하루도
  거르지 않고 단기알바를 찾아서 함.
  학교 입학처, 호텔, 설문지 등등. 몸이
  부서지지 않는것이 신기할정도.
  벅찬 장은 지하철에서 자다가
  정차역을 지나치는 것이 예사로웠던 삶.

● 이자카야, 200만원

ㅇ 시급 7000, 3개월, 평일 21-3
ㅇ 가끔 새벽 5시에도 끝났던 알바.
 도서관알바와 병행했던터라
 다음날 아침 9시에 바로 출근
 해야하는 초인적 삶을 경험함.

● 물류센터, 50만원

ㅇ 시급 6000, 2주, 평일 9-6
ㅇ 찰리 채플린이 되어볼수있는기회,
 젊은 나이에 오십견을 우려해볼수
 있는기회, 몸이 가장 망가졌던 알바.
 하지만 단기알바중에 물류센터만큼
 진입장벽이 낮은게 없다. ♪

월별근무스케줄

	1	2	3	4	5	6	7	8	9

ㅁ 총   1700-1800만원
－ 준비물·생활비   400만원

ㅁ 남은돈(정비)   1400만원

TIP

안전하게 다니기위한 나만의 팁,

소지품 분할 방법

지갑 •

장지갑 : 1달러 뭉치

동전지갑 : 당분간 쓸돈

비밀아대 : 소액의 달러

큰배낭
: 양옆자물쇠 X 2,
옷 등부피가큰 물건 수납

작은배낭
: 양옆자물쇠 X 1,
중요물품수납
 ○ 일기장
 ○ 각종 전자기기
 ○ 돈 & 지갑

복대
: 여권, 카드,
여권사진, 현금,
여권사본

● 강도를 만났을때에 대비하여 준비해둔 소액

● 강도가 복대까지 요구하여 전재산을 강탈해갈경우,
택시타고 대사관에 갈수있는 최소한의 비용을 숨길수있는 주머니.
(설마 아대에 돈이 있을거라 생각하겠어!)

보안카드 관리법

10회차 모의 시험 결과 - (1)

	1회	2회	3회	4회	5회	6회	7회	8회	9회	10회
경영원론	미응	29	81	73	48	49	+8	42	67	72
책임경영	42	36	52	55	59	40	47	76	63	89
경제원론	28	+9	10	33	미응	39	44	41	49	35
경영통계	30	50	48	12	14	58	52	39	44	72
회계원리	34	31	49	79	35	95	+1	13	+7	+4
재무관리	92	88	89	88	95	50	72	13	37	83
관리회계	60	17	62	29	28	79	76	33	69	88
인적자원	67	12	80	67	+6	10	63	44	64	79
MIS	+7	18	97	13	23	51	10	48	미응	83
조직행동	97	62	38	88	93	29	+2	90	62	71
마케팅	41	90	88	28	45	21	92	17	67	41

문의번호 : 010 - 034 - 8788

ⁿ 여행가기전의 나는 겁이 너무 많아서 온갖 요란법석을 떨며 준비를 했다.
보안카드의 경우도 실물을 챙겨가는 것은 고사하고 핸드폰에 스캔본을
넣고다니는 것도 유출될 위험이 있다고 생각해서 암호로 재구성하기도 했다.
일단 보는것처럼 엉뚱한 포맷으로 바꿔서 보안 카드라는것을 전혀
상상할 수 없게 만들었다. 그리고 숫자의 개수도 원래 보안카드보다
많이 삽입되어 있는데, 일정한 규칙에 의해 카드의 숫자가
시작되는 곳을 계산할 수 있도록 했다.
아, 참고로, 맨아래 '문의번호'는 CVC번호를 포함하며 재구성한 번호다!

Diary

2015년 10월부터 이듬해 8월에 이르기까지의 일기장

여행 중 하루도 거르지 않고 손으로 작성한 일기를
다듬어 보았습니다.

OCTOBER

S	M	T	W	T	F	S
				1	2	3
4	5	6	7	8	9	10
11	12	13	14	15	16	17
18	19	20	21	22	23	24
25	26	27	28	29	30	31

● 태국, 방콕

● 인도, 첸나이

벵갈로르
함피
고아
뭄바이
우다이푸르
델리
마날리

01
통곡에 대하여

10월 1일,
구름 많음

저마다 인생의 숱한 통곡이 있다. 사랑하는 사람에게 버려진 기억이나 죽은 자의 부재에 대한 그리움, 혹은 죽을힘을 다한 노력이 거품처럼 증발해버린 허망감이나 무엇을 해도 되지 않는 저주받은 인생에 대한 한탄, 그리고 뼛속까지 곯아버리는 가난과 소외감, 그것도 아니라면 이유 모를 심연의 외로움도 있겠다. 모양과 형태는 조금씩 다르지만 궁극에는 고통이란 감정으로 묶이는 것을 통곡이라 부른다.

살아가면서 통곡의 기억에 머물고 싶어하는 이는 아마 없을 것이다. 조금만 더듬어 보아도 괴로운 것, 낙엽 잎처럼 바스러지려는 기억에서 달아나고자 한다. 처음부터 겪지 않은 일인 양 도려내어 잊어버리기도, 원하는 조각에 덧붙여 왜곡시키기도, 덤덤해지기 위해 애써보기도, 끝내 포기해버리기도 하는 것이다. 어찌 되었든 누구든지 벗어나고자 하지만 좀처럼 쉽지 않은 것이 통곡이다.

 그렇지만 먹고 자고 일하고, 삶에 휘청인 채로 살아가다 보면 차츰 잊히기도 한다. 그러다 가끔, 마음이 구겨진 종이짝처럼 흐물흐물해질 적에 불쑥 떠오르고는, 밥을 먹는 것조차 구역질이 나도록 일생을 흔들어 버리고는 한다. 그러나 그것은 정말 가끔이다. 대개는 살고자 하는 욕구, 오욕에 밀려나도 무방할 만큼 견딜 수 있어서 당장은 규격에 맞는 삶을 살아보기 위해 애써본다. 언젠가는 잊히겠지, 그러겠지, 하고.

 간혹 가끔이 아닌 사람도 있다. 자주 구역질이 나는 사람, 전생에 무슨 업보라도 있었는지 갖은 통곡을 어깨에 이고 태어난 사람, 혹은 태초에 그것을 짊어질 힘이 모자란 사람. 결국 생의 목표가 행복이 아니라 통곡으로부터의 해방인 존재들이다. 그들에게 오욕은 사치이다. 당장의 크나큰 숙명처럼, 통곡에서 달아날 방법을 찾아보지 않고서는 도무지 이생을 견딜 수 없기도 하다.

 그래서 머나먼 여행을 떠나는 이들도 있다. 비행기가 떠오르는 동

시에 덜컥 느껴지는 현생과 괴리된 감각, 공항 밖을 나서는 순간 이
생(生)의 누구도 나를 모르는 듯한 나그네가 된 느낌. 즉 사랑하는 사
람을 잃은 상주도, 인생에서 실패한 낙오자도, 굶주린 소외자도 아닌
그저 여행자가 되어버리는 사실. 그처럼 속계로부터 해방되는 것만
같은 오감에 홀려 떠나는 건지도 모른다.

나도 그러했다. 어쩌면 통곡으로부터 도피하기 위해 떠난 여행. 그
러나 행복을 좇아 떠난 것은 아니었으며, 길 위에서 갖은 희로애락을
겪어내어 궁극에는 좋은 사람이 되기 위해 나아간 여행이었다.

* * *

"엄마가 말린다고 네가 안 갈 사람은 아니잖아."

홀로 여행을 떠나겠다고 선포한 밥상머리 앞에서 엄마는 그렇게 말
했다. 여느 다정다감한 엄마들처럼 호들갑을 떨며 가지 말라고 붙잡
아주기를, 혹은 혼자 가면 위험하지 않느니, 얼마나 가는 거냐며 뭐
라도 물어보길 바랐는데. 같은 지붕 아래에서 몸을 부대낀 세월보다
떨어져 있는 시간이 더 많았던 까닭일까. 엄마는 푸석푸석한 밥알처
럼 건조한 목소리로 대답할 뿐이었다.

그러고 보면 엄마는 그랬다. 무뚝뚝한 사람. 물어보는 말에 좀처럼

답이 없었으며 가끔은 지나가는 나그네처럼 데면데면했던 사람, 가끔은 내 생일이 언제인지, 무슨 대학에 지원했는지 잊어버리며 서럽도록 무심했던 사람, 그러다 어느 밤에는 돌연 연락을 끊고, 오랫동안 생사조차 기별하지 않은 사람이다. 어쩌면 숱한 통곡의 태초는 엄마가 아니었을까. 그녀는 말없이 먹던 밥을 삼켰고, 나도 더 이상 여행에 대해 무어라 덧붙이지 않았다. 우리 모녀는 딱 그 정도 사이였다.

* * *

기나긴 여행을 떠나는 날은 시월 초입의 가을바람과 함께 찾아왔다. 그 새벽엔 알람 소리가 울리기도 전에 뻑뻑한 눈이 떠져 버렸다. 긴장이 되었던 건지 혹은 설레었던 건지, 눈을 붙이기 위해 부단히도 노력했지만 결국 잠에 들지 못한 까닭이었다. 떠날 채비를 마치고 배낭을 들 때는 억지로 떠나게 된 사람처럼 천천히, 그리고 엉거주춤한 몸짓으로 엉겨 메기도 했다. 혹시 벌써부터 여행이 싫어진 걸까. 그게 아니면 낯선 땅을 외따로이 부유하게 될 미래가 두려워서 그런 걸까. 복잡한 심경으로 현관문에 다가섰다. 문고리를 열기 전엔 엄마와 작별의 포옹을 나눴다. 귀국 일을 따로 정해놓지 않았기 때문에 언제 다시 보게 될지 모르는 얼굴이란 생각이 스쳐 지나갔으나 우리는 담백하게 인사했다. 잘 갔다 와, 네. 그게 전부였다.

아직 단풍도 물들지 않은 가을이라지만 바깥공기는 꽤나 서늘했다.

온몸에 소름이라도 돋을세라 바람막이의 지퍼를 끝까지 올린 채로 걸어가야 했다. 아파트 출구에 다다랐을 즈음에는 언제 다시 돌아오게 될지 모르는 우리 집을 눈에 두고두고 담아 가고 싶다는 생각도 들었다. 영화에서 어딘가 멀리 떠나버리는 주인공처럼 말이다. 곧 발걸음을 멈추고, 어느 서사 속 등장인물이라도 된 것마냥 처연하게 뒤를 돌아보았다. 그러고는 건물 중간쯤에 있는 우리 집 베란다로 시선을 좇아 보았다.

그런데 굳게 닫혀있어야 할 창문이 반쯤 열려있었다. 벌려진 틈 사이에는 누군가 난간을 잡고 서 있었는데 아니나 다를까. 엄마였다. 조금 전 그토록 싱겁게 인사했으면서, 나를 불러보지도 않을 거면서, 부르지 않고서야 내가 돌아보리란 보장도 없으면서, 그녀는 적지 않은 시간 동안 바라보고 있던 것이다. 나는 태연한 척 손을 흔들었고, 엄마도 손을 들어 답례의 인사를 건넸다. 그리고 다시 뒤돌아 걸어가는데, 돌연 목구멍에서 먹먹한 것이 올라오기 시작했다. 엄마가 베란다에 서 있을 거라곤 조금도 예상치 못했기 때문이었다. 게다가 현관문을 닫고 출구에 다다르기까지 나를 지켜본 시간이 의미하는 바는, 지금껏 내가 믿어온 세계와 너무나 다른 궤도를 그리고 있었던 까닭이기도 했다.

그러니까 엄마는 딸에게 무정한 사람이 아니었다. 타인처럼 무심하거나 원수처럼 미워한 것도 아니었다. 모녀 사이에 오래도록 붙었던 찬바람과 견고하게 쌓인 장벽은 모두 떨어진 세월의 틈에서 자란 오해에 불과했던 것이다. 그렇다면 남아있는 의미는 오직 하나였다. 엄마는 줄곧 떠나는 나를 걱정하고 있었다는 것, 그리고 끝내 사랑하고 있다는 것. 그 별수 없는 사실이었다. 그제야 수혈이라도 받은 사람처럼 눈물이 터져 나왔다. 어떤 이에겐 지극히 당연한 사랑이 나에게만 결여되었다고 원망해왔던 지난날의 오해와의 화해, 결국엔 안도의 눈물이었다. 도무지 이상하지 않을 수가 없다. 현실로부터 멀리 달아난 여행자가 되어야 통곡에서 벗어날 줄 알았는데, 누군가의 사랑받는 딸이 되어야만 비로소 그 늪에서 헤어 나올 수 있다니.

끝내 드는 생각은 그랬다. 혼자서는 무엇을 해도 이생을 지탱할 수 없는 것이 아닌지. 우리는 누군가의 사랑받는 자식으로, 연인으로, 친구로서 복락을 느껴야만 내일을 살아갈 수 있는 존재는 아닌지. 그러지 않고서는 아무리 달음박질을 쳐도 끝내는 통곡, 즉 다시금 소리 높여 울게 될지도 모른다는 생각이 들었다. 앞으로 광막한 시간 동안 나는 어떤 여행을 하고 돌아와야 할지 조금은 알 것도 같았다.

바야흐로 여행 첫날이었다.

02
인도 기차에
대하여

10월 어느 날,
맑거나 흐리거나

"짜이 짜이 짜이 짜이 짜이 짜이–"

스테인드글라스로 된 보온 통, 그리고
보스락거리는 종이컵 뭉치를 이고 가는
아저씨가 속사포처럼 떠들어댄다. 대충
인도의 국민차, 짜이(Chai)를 판다는 말
이다. 얼마나 노련한 도붓장수인지 휘청
거리는 기차 안에서도 꼿꼿하게 걸어간
다. 그가 멀리라도 가버릴라, 건너편에 앉
아 있던 할아버지가 다급하게 짜이를 부
른다. 그는 하나 건네받다 말고 내게,

"You want Chai(짜이티 먹을래)?"

나는 고개를 젓는다. 특별히 나쁜 사람
은 아닌 것 같지만 인도에선 모르는 사람,
아무리 친분이 생긴 사람이라도 주는 음
식은 먹지 말라는 암묵적인 원칙이 있다.
눈앞에서 갓 따라주는 짜이라서 별달리

의심할 여지도 없지만, 오래된 습관처럼 거절해본다.

　잠깐 화장실을 다녀왔다. 도둑이라도 들세라 보조 배낭을 앞에 메고 가는 일이 퍽 불편할 더러, 선로가 적나라하게 보이는 재래식 구멍이 아직은 어색해서 대개는 참을 때까지 참다 가는 편이다. 돌아온 자리에는 모르는 인도인 너덧 명이 앉아있다. 침대칸은 하나의 자리에 세 명이 앉을 여유가 있다고는 하나, 다섯 명은 쉽지 않다. 나는 눈살을 찌푸린다. 주인이 돌아왔는데도 아무런 의중도 묻지 않고 궁둥이를 붙이고 있는 사람들이라니. 그러나 눈이라도 마주치면 티 없이 맑은 눈동자로 찡긋 인사를 보내는데, 도리어 웃음이 나오면 나왔지 화내거나 자리에서 그만 나와 달라고 요구할 재간은 없다. 나는 결국 마지못해 싱긋 웃다가 앉는다.

　그들은 때때로 뭐가 그리 궁금한지, 나에 대해 이래저래 묻기도 한다. 북한인이냐 남한인이냐, 인도는 몇 번째이냐, 부모님이 걱정 안 하냐……. 앞뒤 양옆으로 열댓 명은 되는 유달리 하얀 흰자위를 가진 인도인들이 쳐다보며 물어보는 광경이 부담스럽기도 하고, 관심이 애정처럼 느껴져서 의기양양해지기도 하고, 뭐 그런 편이다.

곧 내릴 때가 되었다. 부피가 큰 침낭을 동글동글 말고 있으면 희귀한 물건이라도 본 양 모두가 주목한다. 애써 신경 쓰지 않는 척, 내릴 채비를 하고 앉아본다. 기차에는 안내방송이 없다. 눈치껏 내려야 하는데, 언제 내려야 하는지 물어보기가 무섭게 너도 나도 알려주겠다고 한다. 꾸깃꾸깃한 종이에 적힌 행선지를 보며 무어라 토론하는 사람들. 보아하니 좀 전에 짜이를 건네주려 했던 할아버지가 가장 열성적이다. 여하튼 그들은 합의를 보았는지 지금이 내려야 할 때라고 자못 비장하게 말한다. 그리고는 작별 인사를 하는 일도 빼먹지 않는다. 분명 플랫폼에 홀몸으로 내렸지만 든든한 느낌마저 든다. 나는 한동안 정차해 있는 기차를 눈에 농농하게 담아보기도, 마주친 얼굴을 하나둘 떠올리며 좀처럼 자리를 뜨지 못한다. 아마도 인도의 모든 낭만은 기차에서 시작되는 것만 같다.

NOVEMBER

S	M	T	W	T	F	S
1	2	3	4	5	6	7
8	9	10	11	12	13	14
15	16	17	18	19	20	21
22	23	24	25	(26)	27	28
29	30					

● 인도, 맥그로드 간즈

델리
자이살메르
조드푸르
아그라
바라나시
↓ 콜카타

● 호주 . 멜버른

03
사랑에 대하여

11월 2일,
구름 많음

북인도의 가을은 추웠다. 그 계절의 온도치고는 몸이 움츠러들 만큼 차가우며 우리나라의 겨울과 견주기엔 조금 과한 느낌. 그러니 초겨울의 한기를 품은 온도라 함이 맞겠다. 11월에 들어설 즈음에는 적나라한 추위를 피하려는 건지 갖은 상점들이 차례로 문을 닫기도 했다. 내가 갔을 때가 마침 그 무렵이었는데 아니나 다를까, 북인도에서도 가장 아름다운 마을로 손꼽히던 마날리(Manali)에는 이미 셔터를 굳게 내린 상점들이 한 집 건너 즐비하기도 했다. 어디로 무엇을 먹으러 가야 할지 고민하는 시간조차 줄어드는 격이었다.

마날리보다 위도가 낮은 맥그로드 간즈(McLeod Ganj)는 조금 더 따스할 줄 알았으나 마을 언저리에 있는 트리운드(Triund)의 산행길은 그렇지만도 않았다.

산턱에서 부는 바람은 송골송골 맺힌 땀방울들을 흔적도 없이 증발시키곤 했다. 추위라면 질색하는 나는 배낭 안에 여며두었던 경량패딩과 내의까지 도합 여섯 겹을 꺼입긴 했다만, 등산 중인데 땀조차 흐르지 않는 추위에 당황스러운 마음을 감출 수가 없었다. 대단한 한기였다.

그래서 바지런히 올라갔다. 삭신까지 스며드는 찬 기운을 떨치기 위해 두 다리를 분주하게 움직였다. 호흡이 가빠 올수록 조금씩 후끈한 열기가 느껴졌다. 그러나 바위가 유달리 높은 곳을 바삐 가려고 욕심낸 까닭일까. 곧 뼈마디가 아파졌고, 쉬었다 가자니 오한 같은 것이 느껴져서 도저히 멈출 엄두가 나지 않았다. 어째서 사람들은 이만한 고통을 감수하면서도 산을 오르려는지, 의문이 드는 것도 당연했다.

하지만 등산만큼 신체가 겪는 난관을 또렷하게 느껴보는 일도 없을 것이다. 다리가 저리고, 폐를 갈퀴로 긁는 듯한 느낌에 삐거덕거리는 무릎의 통증, 게다가 살가죽에서 흘러내리는 꿉꿉한 땀과 계절의 온도를 체감하는 일까지. 그 생생한 감각에 집중하게 되면 다른 부질없는 생각들이 서서히 떨쳐진다. 잔가지를 치고 불순물을 체에 거르듯. 그러니까 무엇 하나 정리되지 않는 혼잡한 마음이 가지런히 다듬어

지는 기분이 든다. 결국 몸은 호되지만 아이러니하게도, 마음의 고통은 차츰 긁어내어 버릴 수 있달까. 등산이 매력적인 것은 분명했다.

정오가 훌쩍 넘어서야 정상에 닿게 되었다. 어찌 된 일인지 사방은 방독 가스라도 뿌린 것처럼 흐리기만 했다. 여기서만 보인다던 히말라야의 희푸른 설원도 보이지 않았다. 고행 끝에 닿은 결과가 아름다운 경광이 아니라는 사실은 조금 속상하기도 했지만, 그보다 배가 곯아왔다. 나는 산행 길을 함께 오른 일행들과 돌바닥에 털썩 주저앉았다. 그리고는 카레 맛이 나는 인도 라면과 푸석푸석한 쌀밥에 한국산 불고기 고추장을 비벼 먹었다. 그러다 시야가 흐릿한 사방을 거닐며 사념에 잠기기도, 바위에 앉아 멍을 때리기도 했다. 모처럼의 평화였다.

안개로 자욱한 산 위에서 기대할 것은 뜨듯한 밥알뿐이라고 생각하던 이른 저녁, 해거름 녘이었다. 온종일 희뿌옇던 시야가 기적처럼 차츰 열어졌다. 그러다 순식간이었다. 그대로 증발할 줄만 알았던 안개는 곧 촘촘한 운해가 되어, 발아래로 굽어본 세상을 덮어버린 것이었다. 그리고 곧 태양의 황혼빛에 익어가는 벼처럼, 추수철의 논밭처럼 누르스름하게 물들었다. 무언가 구운몽의 성진이 살던 세계 같기도, 비행기 차창 너머로 본 구름 위의 세계 같기도 했다. 반대편으로 고개를 돌려보니 고대했던 히말라야의 설원도 실오라기 없이 청명하게 보였다. 그야말로 장관이었다. 그 아름다움에 넋이 나가서 살을 도려내듯 추웠던 산 위의 칼바람마저 보드랍다 못해 따스하게만 느껴졌다. 자연의 아름다움이 선사하는 감동은 이처럼 사지의 감각을 마비시켜버릴 정도로 황홀했다.

＊＊＊

해가 산어귀로 완전히 떨어진 무렵, 우리는 제법 낭만적인 시간을 보내던 중이었다. 모닥불을 피우고 에워 앉아 겨울 초입의 추위를 취기로 물리쳐보자며 알코올을 꺼내 들었다. 그리고는 수련회에서 보냈던 캠프파이어처럼 생의 고민에 대해 소탈히 나누고 서로를 다독거리곤 했다. 이따금씩 고개를 쳐들고 바라본 밤하늘엔 해변의 모래알처럼 수없이 많은 별이 반짝이고 있었다. 행여나 별똥별을 보면 호들갑을 떨며 서로의 맥주병을 부딪치기도 했다. 인공적인 빛이라곤 휴대폰의 조명밖에 없는 이 컴컴한 산 정상 위에서 우리가 꾸릴 수 있는 최고의 낭만이었다.

그런 낭만 속에서 나보다 한 뼘 어린 동생, 돌아갈 기약도 없이 홀로 여행을 떠나왔다던 나연이는 갈증 난 사람같이 술을 흠뻑 흠뻑 마셨다. 마음속에 침전물처럼 가라앉아있는 아픔을 덤덤히 토해내면서 말이다. 술기운이 오른 건지 한번은 내게 모진 말을 내뱉기도 했다.

"언니가 무슨 상관이에요? 전 제 인생이 어떻게 되든 상관없어요.

다 포기했다고요."

　그러나 홀로 먼 타국을 여행하고 있다는 것, 정신이 혼미할 정도로
알코올을 찾고 있는 모습은 이미 의지하고 싶은 무언가가 필요하다
는 신호로 보였다. 그러니까 당신도 결국 현실의 통곡에서 벗어나기
위해 떠나온 사람인 것 같았다. 그녀는 나를 등진 채 희미하게 걸어
가기 시작했다. 휘청이다 곧 멈췄다. 별을 보려는 걸까. 그냥 땅을 내
려다보는 건지도 모르겠다. 무언가 고목나무 같았다. 바싹 말라서 밟
으면 잘게 잘게 바스러지고 홀연히 사라질 것 같은 나무. 하지만 나
는 따듯한 위로를 건넬 위인이 되지는 못했다. 도리어 동생에게 화를
내거나 잔소리를 건네었다.

자정에 가까워지자 밤하늘의 별이 더 선명하게 보이기 시작했다. 너무 무수해서 머리 위로 별이 우수수 쏟아져도 이상하지 않을 것 같은 밤. 적지 않게 은하수도 보였다. 존재하는 공간이 너무 아름다워서인지 혹은 메말랐던 뒷모습이 줄곧 마음에 걸려서인지, 뒤늦게 동생에게 무슨 말이라도 해주고 싶었다. 그러나 위로에 서툰 사람은 자기의 이야기를 덧붙이는 것 말곤 도무지 무슨 말을 해야 할지 알 수가 없다. 그래서 그렇게 운을 떼야 했다. 나도 그런 마음이 들 때가 있다고. 그래서 여행을 왔다고. 내일은 조금 더 나아지고 싶어서. 내 말을 지그시 듣던 그녀가 입을 열었다.

"언니 저는 사랑받지 않고 자라서 사랑받고 자란 애들을 보면 미웠어요. 처음엔 언니도 그런 줄 알아서 너무 별로였어요."

당당하고 또랑한 목소리로 들려준 그녀의 심정은 사실, 내가 오래도록 추종했던 생각이기도 했다. 공연히 시기하며 살아온 세월이었다. 사랑받고 자란 타자들의 수심 없는 눈이나 온화한 말솜씨를 보고 듣고 있다 보면, 모종의 박탈감을 느끼기도 했다. 나 역시 당신 같은 삶이었다면 모나지 않았을 거라며 소리 없이 원망까지 했던 인생. 그래서 이왕 이렇게 된 일, 바닥까지 떨어질 심산으로,

"나도 그랬는데, 처음엔 그런 생각도 들었어. 어차피 내가 원하는 만큼 받지 못한다면, 사랑을 받으려 애쓰지 말고 주려고 애써보면 어

떨까 싶더라고."

그렇게 난데없이 욕망을 거스르는 길을 택했다. 인생에 대한 엉뚱한 반항이었고, 체념 같은 것이었을지도 모른다. 또한 별로 받아본 적 없는 사랑을 건네는 일은 서툴기만 했다. 하지만 어설프게 사랑을 주던 어느 날엔 같은 몫의 사랑이라도, 사람의 기준에 따라 배부름의 정도가 서로 다르다는 사실을 깨달았다. 그 순간, 어쩌면 나도 그동안 사랑받지 못한 것이 아니라 받은 사랑을 느끼지 못한 채 살아온건 아닌지, 모자라다 여긴 것은 아닌지, 혹 나와는 좀체 형편이 다른이가 받는 사랑과 비교하며 마음의 촉각을 스스로 죽여 버린 것은 아닌지, 그래서 불행했던 건 아닌지. 설핏설핏 지난날을 더듬어보았다.

어느 순간부터는 타인을 기준으로 내가 받을 사랑의 몫을 재어보지 않으려고 했다. 오랜 마취에서 풀려나던 날엔 그동안 깨닫지 못한 사랑들을 덜컥 느끼며 감사하기도 했다. 그런 이를 사랑하는 사람, 즉 어설픈 사랑을 건네려는 사람과 작은 사랑에도 감사하는 이를 사랑하는 사람은 언제나 존재했다. 결국 뜻밖에도, 사랑을 주려다가 도리어 사랑받는 법을 알게 된 것이었다.

그러나 나는 말을 삼켰다. 이래서 괜찮아졌으니 당신도 해보라는 말로 박약한 결론을 강요하고 싶지 않았다. 어느 누구도 타인의 마음을 섣불리 가늠할 수 없다. 아무리 유사한 경험을 했다 하더라도,

타인의 삶을 그가 가진 성정에서 모자람 없이 누려보지 않고서는 고통의 깊이를 헤아릴 수 없는 법이다. 다만 우리가 할 수 있는 일은 당신의 행복을 빌어주고, 안아주고, 응원하고 궁극에는 사랑하는 것이라고 믿었다. 그 마음을 전달하고 싶었던 나는 조심스레 한 자 한 자 내뱉었다.

"그러니까 내가 고민 끝에 어딘가에 닿았듯, 너도 여행을 통해 너만의 방법을 찾았으면 좋겠어."

우리는 한동안 말없이 앉아있었다. 함께 별을 바라보다가, 유성의 꼬리가 사라지는 것을 좇아보다가, 눈물인지 콧물인지 모르는 뜨끈한 액체를 손으로 훔쳐내기도 했다. 그러다 아까 당신이 인생을 포기했다고 한 말은 드라마 속 대사 같았다며 배를 잡고 웃기도 했다. 다시 곧 청승맞게 울었다. 별똥별과 함께 흘리는 눈물이라니. 우리는 지구상에서 가장 낭만적인 공간에 있는 것이 확실했다.

04

마지막에
대하여

11월 12일,
매우 맑음

엄마는 이번이 마지막이라고 했다. 전교생이 백여 명도 되지 않은 조그마한 산막 마을에 있는 초등학교 졸업식을 끝으로 다신 이곳, 그러니까 할머니 댁에는 오지 않을 거라고 말했다. 그럼 나는 엄마를 어떻게 만날 수 있냐고 물었다. 그녀는 앞으로 내가 엄마가 있는 곳으로 오면 된다고 답했다. 짜장면을 후루룩 삼키고 있던 나는 부지런히 놀리던 젓가락을 상 위에 슬며시 놓아 버렸다. 갑자기 맛이 없어져 버려서.

마지막. 이승에서 수없이 들어온 단어라지만 참으로 처연한 낱말이라는 걸 그제야 통렬하게 느끼던 차였다. 여태껏 가볍고 무심하게만 들렸던 세 음절이 어째서 오늘은 가슴속에 맹렬히 파고드는 걸까. 다음이 유효하지 않다는 사실에 대한 아쉬움이 분명했다. 즉, 두 번 다시 오지 않을 순간에 대한 애틋함이자 다가올 그리움에 대한 두려움이기도 했다.

엄마는 정말 다시 오지 않았다. 그러니까 가지런히 앉아 짜장면을 먹던 날이, 시골에서 보는 엄마와의 마지막 만남이었다. 그게 내가 기억하는, '마지막'을 곱씹어 본 최초의 날이었다.

그날 이후로 모든 것, 이를테면 요원하게만 느껴지는 것까지도 전부 마지막을 거쳐 간다는 사실을 깨달았다. 방학을 간절히 고대하는 학기 중은 물론이거니와 끝내 도래한 방학도 마찬가지였고, 졸업이며 수능, 대학 입시, 그리고 영원히 책가방을 메고 교문을 넘나들 듯했던 10대까지. 모든 것은 마지막을 기점으로 희뿌윰한 안개처럼 사라졌다. 그리고 남은 것은 오로지 시간뿐이었다. 시간의 흐름만이 불멸의 진리로 느껴졌다. 그러나 죽는 순간, 적어도 나를 둘러싼 세계의 시간도 끝나버린다는 사실은 시간조차도 유한하다는 생각이 들게 했다. 이렇게 한계가 있다는 것은 고통 앞에서는 희망을, 희망 앞에서는 고통을 선사하기도 했다. 존재하는 모든 것들에 대해 양면의 관계를 매개하는 마지막의 단상은 어찌 보면 괴기하기 그지없었다.

그런 마지막 앞에서 나는 희망보다 고통의 잔존에 더 주목했던 사람, 그래서 대단한 미련을 가진 사람이었다. 언제나 비련의 여주인공처럼 청승을 떨었고, 사람과의 헤어짐에 있어 결코 담백하지 못했다. 언제나 단 하나 남은 떡볶이는 앞니로 잘근잘근 씹으며 아껴먹었고,

한 해의 마지막 날이 되면 요란을 떨며 그날을 기념했다. 그리고 지나간 시간이 망각에 파묻혀 황망히 떠내려가지 않도록 하루도 거르지 않고 일기를 썼다. 마지막에 대한 지독한 미련과 집착이었다.

그래서 이토록 사랑하게 된 나라, 인도를 떠나는 마지막 날엔 어찌해야 할지 출국 열흘 전부터 온갖 사념에 잠기기도 했다. 그런 내 마음을 긁기라도 하는 걸까. 인도의 3대 축제 중 하나인 디왈리(Diwali)의 마지막 날, 그리고 나흘간 정들었던 조드푸르(Jodhpur)를 떠나는 마지막 밤, 그래서 일주일째 동행한 민철이네 일행과 보내는 마지막 날, 그러니까 하필이면 모든 마지막이 삼박자로 다 갖춰진 날이었다. 불꽃을 보던 옥상에서 민철이가 내게 무지막지한 말을 건네오는 것이었다.

"누나 오늘이 전부 다 마지막이에요."

순간 마음속으로 중얼거리던 소리가 튀어나온 줄 알았다. 그래서 하마터면 고개를 끄덕이며 갖은 청승을 떨 뻔했는데, 그러기엔 민철이의 얼굴이 너무 슬픔에 잠긴 것처럼 보였고, 또 나는 누나였다. 그것도 세 살이나 연상. 뭔가 긍정적인 말을 건네야 할 것만 같은 작은 부담감이 밀려왔다.

"아니야 마지막 아니야. 다음에 또 만나면 되지."

"그래도 지금 이 순간은 마지막이잖아요."

민철이가 풀이 죽은 채로 말했다. 맞아. 그건 그래. 내가 초등학교 졸업식 이후 엄마랑 다시 만날 수는 있어도, 유년을 나고 자란 시골 할머니 댁에서는 다시금 짜장면을 함께 먹을 수 없는 것처럼. 민철이를 또 볼 수는 있어도 조드푸르 옥상에서 디왈리를 함께 보는 일은 마찬가지로 마지막 순간이었다. 다시 돌아오지 않는 마지막. 문득 이제 여행을 시작한 지 겨우 한 달이 지난 내가 한국으로 돌아가기까지, 앞으로 얼마나 숱한 마지막 순간을 마주해야 할지 덜컥 겁이 나기 시작했다. 과연 덤덤히 견뎌낼 수 있을까. 마음을 간지럽히고 잔해처럼 가라앉다 못해 두터이 쌓여버리는 미련을 이겨낼 수 있을까 싶어서. 마지막의 존재가 인간을 가장 나약하게 만드는 끔찍한 저주처럼 느껴졌다.

말문이 막혀버린 나는 밤하늘로 고개를 돌려야 했다. 전쟁영화에서 들었던 총 포소리 마냥 요란법석 터지는 불꽃을 보고 있자면, 디왈리는 빛의 축제가 아니라 실은 소리의 축제가 아닌지 의심이 들 지경이었다. 소음을 방불케 하는 소리를 의식적으로 무시해보려고 했다. 대신 눈으로 불꽃이 그린 긴 꼬리를 좇아보려는데, 모든 불꽃은 몇 초도 버티지 못한 채 사라져버렸다. 그래, 저것도 마지막이었다. 불꽃도 찰나의 잔상만 남길 뿐 마지막 순간을 공유하고 있는 것이다. 죄다 마지막이었다.

그런데 이렇게나 짧은 시간 안에 다수의 개체가 태어나고 사멸하는 모습을 관망할 수 있는 존재가 또 있을까. 어떤 것보다 마지막 순간을 완연히 드러내는 것이 불꽃이란 생각에 미칠 때였다. 불꽃은 분명 끊임없이 마지막을 보여주고 있는데도, 이상할 정도로 아름답게 느껴졌다. 순식간에 사라지는 주제에 아름다웠다. 혹시 그래서인 건 아닐까. 밤하늘에 사시사철 박제된 것이 아니라 금세 사라지기 때문에, 찰나의 순간에 찬란한 여운을 남기기 때문에 아름다울 거란 생각이 들었다. 결국 마지막의 본질은 애틋함이나 미련, 그리움이 아니라 아름다움일지도 모른다. 민철이가 말했던 우리의 마지막도, 곧 아슴아슴 사라질 순간도, 실은 영생이 아닌 마지막으로서 존재하기에 후일에 떠올려보면 아름다운 기억이 되어버리는지도 모른다. 어쩐지 내일은, 다가오는 인도의 마지막 날을 더 이상 애처로운 눈으로 바라보지 않을 것만 같다.

민철이에게 그 얘기를 해주고 싶었는데, 아무런 말도 덧붙이지 못했다. 그러나 언젠가 말해주고 싶다. 이제는 마지막이라고 서러워하지 않아도 된다는 사실을.

인도의 3대 축제 디왈리,

집집마다 옥상에서 폭죽을 터뜨리며 소원을 빈다고 한다.

05
멸시에 대하여

11월 15일,
맑음

　새벽치고는 몹시 캄캄했던 시각. 여명의 그림자도 보이지 않는 한밤중에 버스에서 내리게 되었다. 서너 시간 후 바라나시(Varanasi)행 버스로 갈아타기 위해서였다. 등받이가 딱딱한 의자에 앉아있던 나는 미약하게 빛나는 가로등 아래에서 일기장과 펜을 꺼냈다. 지나간 기억을 퍼즐처럼 맞춰보는 동안 현재의 시간도 무던히 흘러갔고, 태양 빛이 어스름할 때쯤이던가. 불현듯 일기장에 그림자 하나가 드리워졌다. 가냘픈 목소리도 뒤따라 들려왔다.

　"마담, 머니, 머니."

　고개를 들었을 땐 자그마한 아이가 구정물이 가득한 두 손을 내밀고 있었다. 신발을 잃어버린 건지 혹은 원래부터 없었던 건지, 맨발 곳곳에 때가 제멋대로 붙어있었다. 나는 반사적으로 말했다.

 "짤로(저리가)."

 그리고는 적다 만 문장에 펜을 다시 가져갔다. 마음이 편치는 않았
다. 하지만 지갑을 열기엔 목에 가시처럼 걸리는 일들이 더러 있었다.
아이들이 노동 없이 재화를 얻으면 버릇이 나빠진다는 나름의 철학
과 한 명의 아이에게 돈을 주면 여러 명이 득달같이 달려든다고 들었
던 무서운 풍문 때문이었다. 또한 한 푼이라도 더 아끼고 싶은 까닭
도 있었다. 한국 돈으로 고작 180원 하는 값이 아까워 천근 같은 배낭
을 메고 20분을 걸어가며 여행했는데 기부라니. 아이에게 내 몫을 내
어 줄 마음의 여유는 도무지 존재하지 않았다.

 다만 거절을 받은 아이들은 두어 번의 실랑이 끝에 다른 곳으로 가
기 마련인데, 눈앞의 아이는 그러지 않았다. 오래도록 바라보고 서 있
었다. 아이의 시선은 애써 못 본 척하기에는 따갑고 애처로운 것이 있
었다. 괴로웠다. 결국 옷깃을 잡아끄는 손을 뿌리치는데, 뜻밖에도 건
너편에서 아이를 부르는 목소리가 들려왔다. 조금 전, 내가 바닥에 떨
어트렸던 물병의 뚜껑을 자리에서 일어나 수고롭게 주워준 인도인

청년이었다. 아이는 곧바로 그에게 쪼르르 달려갔다. 나는 그가 필시 지갑에서 꺼낸 돈을 쥐여줄 거란 생각에 무심한 시선으로 그 둘을 바라보았다. 그러나 기대는 보기 좋게 어그러졌다. 청년은 비단 돈뿐이 아니라, 아이가 쭉 내민 두 손을 잡아주었다. 머리를 쓰다듬었고 아이의 호흡에 함께 웃어주었다. 아이는 돈을 건네받을 때보다 잡아주는 손길에 더 간지럽게 웃어 보였다. 돌연 부끄러움이 밀려왔다. 아이에게 돈을 주지 못한다는 것은 핑계이고, 실은 아이의 손을 더럽다 느끼며 배척한 것은 아닐까. 다른 시선으로 바라보며 멸시했던 것은 아닐까. 그러한 사실들을 부정할 수 없었다.

청년에게 놀아달라고 치대던 아이는 저만치에서 누군가 부르는 소리에 다시 달려갔다. 뛰어가는 아이의 뒷모습을 바라보는데, 불현듯 떠오르는 목소리 하나가 있었다. 아마도 비슷한 옷 두어 개를 돌려 입던 가난한 학동 무렵일 테다. 할머니와 산다는 말에 같은 반 친구의 어머니가 했던 대답을, 나는 어제라도 들은 소리처럼 낭랑하게 기억했다.

"너 참, 불쌍하구나."

혀를 끌끌 차며 그렇게 말했다. 곧잘 나누고 있던 대화도 뚝 끊어버렸다. 나는 고개를 돌려 아주머니의 눈치를 슬쩍 보았다. 아주머니가 더 이상 무어라 하지도 않았는데, 어째서인지 잠깐 마주쳤던 시선에서 미묘한 바람이 불어오는 것이 느껴졌다. 은근한 멸시였고 혐오감이었다. 그때 보통의 범주에서 벗어나 열등한 존재로 전락해버린 듯한 느낌, 세상으로부터 외따로 격리되어버린 듯한 느낌은 좀처럼 잊히지 않았다. 그래서 지금에 이르도록, 나는 보통의 존재가 되기 위해 얼마나 버둥거리며 노력을 했던가. 그런데 누구보다 그 아픔을 숱하게 더듬어본 사람이, 나보다 더 유약한 타자를 도리어 모멸하고 있다니. 견딜 수 없이 부끄러웠다. 마음도 콕콕 쑤셔왔다. 돈을 주지 못할지언정 청년처럼 손을 잡아줄 수 있었는데, 적어도 가라는 말은 하지 않을 수 있었는데, 그러지도 못했다. 게다가 은근한 멸시에도 종잇조각처럼 바스라졌던 그 시절의 나와 달리, 아이는 얼마나 숱한 거절을 받았던 건지 별달리 울지도 떼쓰지도 서러워하지도 않았다. 다만 웃지 않을 뿐이었다.

아이는 자그마한 점이 되도록 멀어지다가 곧 시야에서 완전히 사라져버렸다. 아이를 부르거나 붙잡을 당장의 용기는 없었다. 그러나 일기장 앞을 서성였던 아이의 메마른 눈을 기억하고자 했다. 죄스럽고 애달픈 마음도 오래도록 간직하고자 했다. 그래서 이다음에 구걸하는 아이들을 마주한다면 안아주리라고 다짐했다. 주머니가 모자란다고 마음마저 모자란 이가 되지 말자고. 배고픈 아픔을 알아주고, 구정물이 가득한 손을 함부로 외면하지도 동정하지도 모멸하지도 않겠다고. 어쩌면 사랑해주겠다고.

이후 아이를 안아주는 용기가 생기기까진 아주 오랜 시간이 걸렸다. 되레 일방적인 손이 될세라 주저하기도, 혹은 다시금 내가 받을 해가 얼마나 될지 세어보는 갈등 속에서 섣불리 다가가지 못하기도 했다. 난처한 웃음을 보이며 지나치거나, 어느 순간부터는 가방 속에 넣고 다닌 과자를 나눠 먹으며 모자란 마음의 공백이 조금씩 메워지기도 했다. 그리고 기나긴 여행을 마치고 다시 인도로 떠나게 된 어느 날, 나는 두 해가 지나서야 비로소 구걸하는 소녀 한 명을 안아줄 수 있었다. 품속에 폭 안겨있던 소녀는 벙 찐 얼굴로 넋을 잃다가도, 이내 곧 환하게 웃어 보였다. 더 이상 돈을 달라고 손을 내밀지 않았다. 메마른 눈동자로 맥없이 바라보는 일도 없었다. 돌아가는 길에는 흙으로 빚은 꽃을 안은 것처럼 가녀렸던 그 뼈마디가 너무나 생생하게 기억났다. 나는 그제야 일기장 앞에 맨발로 서 있던 아이의 몸도 얼마나 부서질 듯 작았을지 알아야만 했다. 드디어 나와 다른 이를 멸시하지 않고 공존하는 방식 하나를 제대로 터득해본 것이었다.

06

바라나시에 대하여

11월 셋째 주,
대체로 맑음

바라나시역에 내렸을 땐 가을바람이 불어왔다. 소매가 긴 옷을 입어도 춥지도 덥지도 않은 선선한 바람이었다. 틀림없는 가을이었다.

거리는 어수선했다. 릭샤(Rickshaw)라 불리는 삼륜 오토바이가 저마다의 경적을 울리며 지나갔고, 포장되지 않은 도로 위를 달리는 까닭에 그야말로 우당탕탕, 마찰음이 타악기의 비트처럼 울려댔다. 먼지는 먼지대로 나부껴서 공기는 여느 인도의 도시만큼, 혹은 그것보다 조금 더 탁해 보이기도 했다. 나는 감기라도 걸린 사람처럼 기침이 멈추지 않았다. 곧장 스카프로 입을 틀어막고 걸걸해진 목을 다듬으며 거리로 나서고 있는데, 나를 언제 또 목격한 걸까. 동서남북 구역으로 퍼져 있던 릭샤 꾼들이 후다닥 모여들었다.

"마담, 릭샤? 컴컴, 칩 프라이스."

그들은 먹이라도 발견한 맹수처럼 다가오며 말했다. 문득 인도는 홀로 떠나온 여행자라고 조금도 외로워할 새가 없다는 생각이 들었다. 언제 어느 곳이든, 기차에서 내리면 나를 태워주겠다고 야단법석 다가오는 릭샤꾼들이 있으니 말이다. 글쎄 좋아해야 할지 말아야 할지, 그것은 생각하기 나름이었다.

여하튼 행선지는 바라나시 여행자 거리인 고돌리아(Godowlia)였다. 버스에서 만난 현지인 친구의 말로는 정류장으로부터 그곳까지, 자전거를 운전하는 사이클 릭샤(Cycle-Rickshaw)로 50루피라고 했다. 그래서 호기롭게 50을 불러보지만, 그때부터 배낭을 멘 이방인이라면 누구나 겪어야 하는 관문이 시작된다. 일단 그들은 하나같이 고개를 젓는다. 그리고는 눈을 도록-하고 굴린 뒤, 방금 생각난 듯한 숫자를 아무렇게나 내뱉는다. 이번에는 시세보다 네 배는 부풀어버린 200루피 언저리. 누가 봐도 영락없는 거짓말, 사기였다.

흥정은 태연한 사람이 이기는 법이랬다. 조금도 아쉽지 않은 척을 하고, 다른 곳으로 가는 시늉을 해야 한다. 나는 나름대로 무심하게 반대편으로 걸어가는 척을 했다. 그럼 약속이라도 한 듯 누군가 오케이를 외치는데, 이번에도 여지없이 누군가, 기억하기론 새치가 가장 많은 아저씨가 나를 붙잡았다. 그를 따라가게 되었다.

바라나시에 대해 아는 것이라곤 여행자 거리인 고돌리아, 갠지스강 (Ganges River), 기타페잉(Geeta Paying) 게스트하우스. 그게 전부였다. 이 중 내가 가려는 숙소는 릭샤가 진입할 수 없는 비좁은 거리에 있다고 들었다. 그래서 길을 미리 알아보고 와야 했는데, 급하게 떠나온 나는 그럴 여유가 없었다. 설상가상 수중에 유심도 없어서 쉬이 검색해볼 수도 없는 상황. 릭샤에서 내리면 누구에게든 물어물어 가야했다. 과연 찾아갈 수 있을까. 바퀴가 일으키는 먼지와 함께 덜컥 막막함이 몰려왔다. 영영 내리고 싶지 않다는 생각이 들기도 했다. 하지만 영원히 여기 앉아 있고 싶은 이기심은 맨발로 나를 싣고 사이클을 끄는 새치 아저씨에겐 너무나 가혹한 처사였다. 돌연 미안해진 나는 엉덩이를 붙였다 떼었다 들썩거리며 아저씨가 가볍게 끌어가도록 애써보기도 했는데, 나중에 듣고 보니 이게 더 릭샤 꾼을 힘들게 하는 일이라 했다. 어쩐지 자전거를 끄는 내내 아저씨는 내가 알아들을 수 없는 힌디어로 구시렁거리곤 했다.

사이클에서 내리자, 고돌리아로부터 직선으로 쭉 뻗은 길의 끝자락에 흙탕물이 보였다. 갠지스강이었다. 강가 바로 앞에는 배가 불룩 나온 아저씨 셋이서 담화를 나누고 있었고, 나는 그들에게 게스트 하우스가 어디 있는지 물어보았다. 셋은 약속이라도 한 듯 동시에 각기 다른 장소를 가리켰다. 한 명은 오른쪽, 다른 한 명은 왼쪽, 나머지 한 명은 강가 너머. 제멋대로 가리킨 세 손가락은 게스트하우스 위치가 아니라, '여기는 보다시피 인도'라는 사실을 각인시켜주는 것 같았다. 릭샤에서 그토록 내리고 싶지 않았던 이유, 줄곧 막막했던 까닭이었다.

＊ ＊ ＊

그런 바라나시에서 일주일간 반복된 일상을 보냈다.

알람 소리도 없이 느지막한 시간에 눈을 떴고, 아침으론 인도식 요거트인 '라씨(Lassi)'를 먹었다. 낮 절에는 갠지스강을 낀 계단 길, 가트(Ghat)를 거닐었다. 소똥이 덕지덕지 묻은 가트에 조심스레 앉아 서너 일 치 밀린 일기를 적어 내리기도 했다. 가끔 지나가던 여행자가 한국인이냐며 아는 체를 하면 도란도란 말을 주고받기도 했다.

"어디서 왔어요, 언제 떠나요, 인도 어디 어디 갔어요, 몇 번째에요, 아, 그렇구나."

대개 그런 대화를 나눴다. 녹음이라도 했다가 재생해야 할 것처럼 새로운 사람을 만날 때마다 주고받아야 하는 말이지만, 나는 이런 유의 대화를 좋아했다. 여행이 아니고서는 꺼내 볼 일이 없는 문장이니까.

가끔은 넋이라도 잃은 사람처럼 갠지스강을 바라보았다. 흙탕물같이 칙칙한 이 강의 저변에는 생명을 다한 육신들이 가루 채로 수장되어 있다고 했다. 그런 말이 떠오를 때면, 나는 화장터의 불꽃을 좇아 걸어가곤 했다. 누군가 매일 죽고, 타고, 남은 재가 강물에 흩날리다 못해 침잠되어 버리는 곳이었다. 그곳에선 우리네 인생이 늘 부스러기처럼 느껴졌다. 그러나 살아생전 인연이 되었던 가족 혹은 인척, 지인들이 죽은 자의 넋과 명복을 간절히 빌어주는 모습을 보면 그렇지만도 않다. 당신의 죽음이 수많은 사멸 중에 하나였을지라도, 삶이 얇은 나뭇가지처럼 힘없이 고꾸라졌더라도, 적어도 그 존재를 사랑했던 이들의 역사 속에서는 절대 잊히지 않는 사실. 그것은 생(生)이 결코 부스러기가 아닌, 세상에 모종의 흔적을 남기는 각인처럼 느껴지게끔 했다.

하지만 그런 생각은 잠깐뿐이다. 스물두 살, 아직 육신이 팔팔한 생명체에게 죽음은 지척이 천 리처럼 아득하게 다가왔다. 상념에서 벗어나 곧바로 드는 생각은 그저 오늘 저녁 무엇을 먹을지에 대한 것이다. 대단한 철학자도 아닌 나에게, 그러니까 당장 산 사람에게 그것보다 중요한 고민은 없다는 생각이 든다.

가트에 앉아 있다 보면 지나가던 인도 아이들이 우렁차게 인사를 건네기도 했다.

"하이! 하이!"

아이들의 낭랑한 목소리는 영원히 사라지지 않는 메아리처럼 가트 위를 윙윙하게 울려댔는데, 그 때문인지 죽음이 잠식된 강과 가트를 경계로 생사가 결정되는 것처럼 보이기도 했다. 듣던 대로 바라나시는 삶과 죽음의 크나큰 대조요, 어떤 면에서는 공존처럼 다가왔던 것이다.

저녁에는 어쩌다 거리나 숙소에서 눈인사를 건넨 사람들과 함께 밥을 먹으러 가기도 했다. 바라나시는 유달리 인도 여행자들 사이에서 맛집으로 소문난 식당이 많은 곳이다. 나는 지나가다 만난 사람들에게 추천받은 식당의 이름을 메모장에 적어두었고, 하루하루 퀘스트를 깨는 것 마냥 먹어 치웠다. 간혹 하루에 네 끼를 먹는 바람에 체하기도 했다.

게스트하우스로 돌아가는 좁은 길목에서는 가트에서 마주친 적이 있는 사람들을 만났다. 각기 이름은 모르지만 마음속에 낯선 이의 인사를 받아줄, 마음의 여유 정도는 있다는 걸 눈치로 안다. 그래서 서로 물어보곤 했다.

"오늘은 뭐 하셨어요?"
"음, 아무것도 안 했어요. 뭐 하셨어요?"

나도 딱히…….

"저도요."

　바라나시는 그런 곳이다. 어제와 오늘의 경계가 무분별한 삶, 어느 때보다 본능에 우직하게 기대어 사는 삶, 여행치고는 대단히 나태하고 무언가 애써 하지도 보지도 않게 되는 곳. 그것은 우리가 죽음이 여기저기 도사리고 있는 곳에 왔기 때문일지도 모른다. 어차피 모든 것은 죽어 잔해가 된다는 사실, 그것이 태곳적으로 돌아가고자 하는 인간의 본성을 일깨우는 걸지도 모른다.

DECEMBER

S	M	T	W	T	F	S
		1	2	3	4	5
6	7	8	9	10	11	12
13	14	15	16	17	18	19
20	21	22	23	24	25	26
27	28	29	30	31		

● 호주 . 앨리스스프링스

　　　　애들레이드
　　　↓　골드코스트
　　↓　케언즈

07
공포에 대하여

낙원에 도착했다. 파도는 경쾌하게 철썩였고, 해수면을 가로지르는 서퍼들의 웃음소리가 영원을 기약한 음처럼 들려왔다. 배가 고프거나 지칠 때쯤 바다에서 나와 바게트를 뜯어 먹거나, 타는 듯한 태양을 온몸으로 마주한 채 낮잠을 자며, 그 위로 갈매기가 푸드덕 날아가는 모습. 필히 낙원이란 생각이 들었다. 이토록 아름다운 곳, 호주 골드코스트(Gold coast)에서 만난 안토니오는 매일 새벽에 일어나 일출을 등지고 서핑을 하는 일이 삶의 유일한 낭만이라고 했다. 아무리 이곳이 서퍼스 파라다이스(Surfers Paradise)라 불리지만, 그의 지독한 열정에 나는 대단하다는 말을 금치 못했다.

한편, 이해할 수 없다는 저의도 품고 있었다. 어려서부터 물을 끔찍이 싫어했던 나로선 도무지 상상할 수 없을 노릇이었다. 두어 번 물에 빠져 죽을 뻔한 경험을 겪은 후로 바닷물은 앙숙이요, 수영장은 사행 길로 치부하며 살아온 지 십 년이 넘었기 때문이다. 그래도 서퍼들이 가장 사랑하는 도시인 골드코스트에서 서핑보드 한 번 잡아보지 못하고 발을 뜨면 억울할 것만 같았다. 게다가 여행 중이 아니고서야 물에 대한 두려움을 극복해볼 기회가 언제 또 있을까. 안토니오는 그런 내게 겁에 질린 친구들을 몇 번이고 가르쳐봤다며, 나에게도 자신을 믿고 배워볼 것을 제안해왔다. 나는 고심 끝에 이틀 뒤, 서퍼스 파라다이스 해변에서 그를 만나기로 했다.

그런데 차라리 비가 내렸으면 좋겠다고도 생각했다. 막상 약속한 날이 다가오자 불안하고 초조해졌던 것이다. 그러나 불운인지 행운인지, 그날은 골드코스트에 머무른 열흘 중에서도 참담할 정도로 가장 화창한 날이었다. 나는 별수 없이 해변으로 나가야만 했다.

그곳에는 이미 오전 서핑을 마친 안토니오가 보드를 들고 서 있었다. 그는 먼저 준비운동과 서핑 동작을 차근차근 알려주었다. 유별나게 어려운 동작은 아니었지만, 벌써부터 지레 겁을 먹었는지 사지의 움직임이 어설프기만 했다. 어느 정도 익숙한 몸짓을 보였을 때는 서핑 중 가장 명심할 점들을 일러주었다. 첫째는 안전, 둘째는 즐기는 것이라고. 나는 고개를 끄덕이는 한편, 부디 조금 전의 대답이 유언이 되지 않길 바라면서 바다 근처로 끌려갔다. 그런데 가까이 다가설수록 파도가 태산보다 높은 것처럼 보이기 시작했다. 해수가 발목을 적셨을 때는 바닷물이 목 언저리에 닿는 듯한 이질적인 감각, 코안으로 스며든 물 때문에 후신경이 베어 나간 듯한 자극이 당장의 고통으로 느껴지기 시작했다. 결국 재난 영화를 찍는 사람처럼 난리치며 포기를 선언했지만, 안토니오는 과연 나 같은 인간을 몇 번이고 가르쳐 본 노련한 경험자다웠다. 추하게 울먹이는 나에게 조금도 당황하지 않은 목소리로 자신을 믿어 달라 말했다.

"다연, 서핑 중 무서운 것은 파도가 아니라 발에 묶인 서핑보드야. 파도에 빠지면 내가 구해줄 수 있지만, 보드에 머리를 부딪치면 그럴 수가 없어. 요리할 때 식재료나 도마가 아니라 네 손에 쥐고 있는 칼이 위험한 것과 같아. 그러니 파도를 무서워하지 말고 보드에 집중해줘."

안토니오의 장광설은 넋이 나간 와중에도 정신이 퍼뜩 들 정도로 설득력이 있었다. 나는 그를 믿어보기로 했다. 바다에 제 발로 서서히 들어가기 시작했고, 안토니오의 지시에 맞춰 정직하게 몸을 움직였다.

"멈춰, 조심해, 보드 뒤로 가지 마, 지금이야, 헤드업."

　조금 전만 해도 겁에 질려 물이 닿는 것조차 끔찍해했던 사람은 어디로 갔는가. 나는 기어이 보드 위에 올라타게 되었다. 보기보다 중심을 잡는 요령은 있었는지 뒤뚱이지 않고 파도가 끝맺는 모래사장까지 곧게 돌진하기도 했다. 물론 두 발로 꼿꼿하게 일어선 것은 아니었다. 그러나 물공포증 환자에겐 파도를 즐겨본 감정이 경이로움 그 자체였다. 홀가분한 마음으로 바다에서 나왔을 땐 안토니오에게 편지를 남겼다. 끝내 무릎을 펴진 못했어도 당신 덕에 바다에 대한 두려움은 삭히게 되었다고. 유달리 하늘이 청청했던 그 밤에는 물에 대한 공포가 가시고 여유가 붙은 것이라 확신하며 깊은 잠에 들었다.

　그러나 그건 그때뿐이었다. 한 번의 성공으로 반평생 겪은 물 공포증을 극복했을 거란 아둔한 믿음이었고, 여행이라는 감상에 젖어 스스로에 대한 객관성을 잃어버린 착각이었다. 케언즈(Cairns)에서 스쿠버다이빙을 하기 위해 산소통을 메는 순간, 눈앞이 아찔해짐과 동시에 그것을 절실히 깨달은 것이다. 사람은 어째서 이토록 자신에게 객관적이지 못한 걸까. 스스로에 대한 비약은 어디까지일까. 어쩌면 우리는 죽을 때까지 자신에 대한 진위를 착각하며 사는 걸지도 모른다는 생각이 들었다.

본격적으로 입수하기 전에는 바닷속에서 숨을 쉬고, 압력에 막힌 귀를 뚫고, 수경에 차오른 물을 빼는 법을 배웠다. 줄곧 수중 호흡기를 물고 있어서 그런지 벌써부터 갈증이 격하게 이는 것 같았다. 나는 우리 팀의 지도를 맡았던 엠버에게 증상을 보고하며 괜찮은 건지 물어보았다. 내심 그만두라는 말도 바랐지만, 돌아오는 답은 대수로운 일이 아니라는 말과 내가 필시 성공할 수 있을 거란 두려움을 북돋는 말이었다. 결국 우리 차례가 되었고, 여지없이 온몸을 풍덩 담그게 되었다. 거금을 주고 스스로 고문을 겪는 시간이 시작된 것이었다. 그때 머릿속에 드는 생각은 딱 하나였다. 얼른 끝나버려라. 제발.

밧줄을 타고 내려온 만경창파 속 세계는 세상의 모든 소음을 차단하기라도 한 것마냥 고요했다. 물살을 가르는 소리 외엔 정말 아무것도 들리지 않는 걸까 싶어 청각에 집중해보았는데, 수압 때문인지 귀가 아파오기 시작했다. 고막이 팽팽하게 부풀어 오르다 못해 터질 것만 같은 고통이었다. 어디에도 발 닿을 곳 없는, 허공을 부유하는 느낌에도 더럭 겁이 났다. 게다가 입으로만 숨을 쉬고, 수경에 찬 물을 빼내고, 압력에 짓눌린 귀를 뚫느라 온 신경을 쏟아부어야 하기도 했다. 이러다 죽으면 어떡하지. 나는 그만 눈을 꼭 감고, 엠버의 팔짱을 꽉 잡아 버린 채로 끌려 내려갔다.

얼마 지나지 않아 수심 끝의 모랫바닥에 도착했다. 예정대로 어디선가 내 몸집만큼이나 큰 물고기, 그레이트 배리어리프(Great Barrier Reef)의 상징인 윌리가 나타났다. 그러나 내게 어떤 감동이나 무형의 기쁨이 느껴질 리 없었다. 죽음의 공포를 상정하고 있는 이에게 그런 감정들은 사치이자 허상에 불과했다.

윌리가 떠난 뒤에는 야속하게도 더 깊고 아득한 곳으로 내려가게 되었다. 나는 물 밖으로 나갈 때까지 눈을 뜨지 않을 작정이었다. 얼마나 오랜 시간이 흘렀을까. 한쪽 눈만 슬쩍 떠봤는데, 엠버의 얼굴이 보였다. 그녀는 몸을 내 쪽으로 바로 둔 채 손가락으로 괜찮냐는 신호를 보내고 있었다. 눈빛을 보아하니 꽤 오랫동안 염려한 것처럼 보였다. 누군가 나라는 존재를 오롯이 걱정한다는 사실은 이상하리만치 마음을 평온하게 했다. 불현듯 서핑 중 무서운 것은 파도가 아니라 발에 묶인 보드라고 했던 안토니오의 말도 떠올랐다. 그럼 수중 속에서 두려워해야 할 것은 무엇일까. 바닷물이 아니라 그것을 속절없이 두려워하는 마음 자체가 아닐까. 그날 보드를 다루는 일에 몰두하다 보니 파도가 두렵지 않았듯, 지금도 마음을 보살피는 일에 전념하다 보면 끝내 공포를 이겨낼 수 있지 않을까. 곱씹어볼수록 긴장이 풀리기 시작했다. 그리고 앞을 보고 팔짱을 풀고 있어도 무방할 정도의 용기도 돋아났다. 나도 그녀에게 괜찮다는 신호를 보내기 위해 손가락으로 오케이를 만들어 보였다. 엠버는 깊이 안심하며 손가락으로 어딘가를 가리켰다. 손끝을 좇아본 곳엔 그토록 귀가 닳게 들어왔던, 세상에서 가장 아름다운 산호초에 사는 물고기들이 꿈틀대는 중이었다.

그러니까 그것은 어릴 적, 할머니 손을 잡고 시장에 가던 꼬마가 징그럽다고 눈을 피장파장 돌렸던 갈치, 비명에 횡사한 듯 아가미를 벌린 채로 널브러져 있는 고등어, 잿빛의 등을 가진 그 물고기들이 아니었다. 지구상에 존재하는 고운 빛을 모두 수집하여 물들여낸 아름다운 생명체였다. 당당하게 유영 중인 모습은 볼수록 찬란하고 고즈넉이 느껴졌다. 문득 우리가 아름답게 숨 쉬는 것들과 오래도록 공존할 수 있었으면 좋겠다고 바랐다.

해수면을 뚫고 지상의 공기를 마셨을 때는 마라톤의 결승선을 통과할 때와 같은 희열이 느껴졌다. 물속에선 사경을 헤매듯 죽음을 헤아렸던 공포, 그것이 끝내 사슬 같은 악몽이 아닌 성취의 기쁨으로 솟아난 것이다. 물론 지난번처럼 입술이 파들파들 떨리는 감각이 모조리 사라졌다고 생각하진 않았다. 그러나 감당할 수 있는 두려움이 분명했다.

선박 위로 올라온 나는 산소통을 벗어두고 잠시간 휴식을 취했다. 그러다 스노클링을 하기 위해 다시 바닷물로 들어갔다. 줄곧 누군가의 팔에 의지한 채 유영했지만, 이번에는 홀로 물결 속을 나아가게 되었다. 새삼 모든 것이 자유롭게 느껴졌다. 수압 때문에 팔다리를 제멋대로 움직일 수 없는 것도, 호흡기를 꽉 물고 숨을 의지하고 있는 입의 근육마저도, 즉 체감되는 모든 감각이 지나치게 자유로웠다. 그만 돌아오라는 호각 소리가 들려왔을 때는 아주 느리게 돌아갈 정도였다. 내 인생에서는 도저히 상상할 수 없는 일이었다.

어쩌면 모든 것은 그대로일지 모른다. 여행을 빙자하여 난관을 극복하려는 시도들이 그다지 의미 없는 일일지도 모른다. 그러나 공포를 딛고, 수압을 뚫고, 사지를 저으며 자유를 느꼈던 온몸의 감각을 선명하게 기억한다. 아마 나는 그 기억의 녹을 먹고 살게 될 것이다. 그러니까 기억은 앞으로 마주하게 될 두려움, 그 고락의 순간들 앞에 버젓이 이겨내는 힘으로 돌연 떠오르게 될 것이다. 우물 안의 조그마한 개구리가 두려움을 뒤엎고 강을, 끝내 바다를 향유할 수 있도록 말이다.

JANUARY

● 호주, 시드니

● 브라질, 상파울루

　　↓ 리우데자네이로
　　　포스두이과수

● 아르헨티나, 푸에르토이과수

　　↓ 부에노스아이레스

08
상실에 대하여

아름다운 섬 피츠로이(Fitzroy)에서 형형색색의 물고기들을 쫓으며 스노클링을 하던 중, 갑자기 목 언저리가 서늘해지는 감각이 느껴졌다. 머리끈 대신 인도에서 산 팔찌로 머리카락을 겨우 동여맨 채 물속으로 들어갔는데, 아무래도 팔찌는 제 쓰임이 아닌 곳에 있는 것이 불편했던 모양이다. 잃어버렸다. 순식간에 파도의 물결을 따라 도망가 버렸다.

허망한 마음으로 바닷속에서 나와 가방을 열었는데, 인도에서 산 또 다른 물건도 보이지 않았다. 공예를 전공한다는 언니가 청색 실 위에 나를 닮은 원석을 엮어 만들어준 반지였다. 불현듯 오늘 아침, 배를 타기 전에 들린 마트에서 지퍼가 없는 가방을 떨어뜨렸던 기억이 떠올랐다. 가방에서 너저분하게 쏟아져 나온 소지품을 허둥지둥 담았던 나도 함께 떠올랐다. 그때 흘렸던 것 중에 반지는 미처 줍지 못한 걸까. 당장 돌아가서 확인하고 싶었던 나는 스노클링 장비들을 일찌감치 벗어 던져버렸다. 그리고는 모두가 아직 유영 중이던 시각, 아무도 없는 부둣가에 덩그러니 앉아 섬을 떠나기로 한 시각만 오매불망 기다릴 뿐이었다.

잃어버린 물건이 있으면 그날 지나온 길을 되감기처럼 밟아보는 것이 철칙이다. 육지로 돌아온 나는 아침에 선착장까지 거닐던 행로를 그대로 밟아서 돌아갔고, 마트에 들러서 내가 계산한 기계 앞을 두리번거리기도 했다. 마침 옆에 있던 점원에게 다급히 물어도 보았다.

"혹시 여기 장난감같이 생긴 실반지 못 봤어요? 아침에 떨어트려서 잃어버린 것 같아요."

점원은 고개를 저었다. 마음이 급한 대로 얼굴이 바닥에 닿을 정도로 몸을 수그린 채 살펴보았다. 그러나 찾는 반지는 없고 누군가 계산하다가 흘린 듯한 동전만 자리하고 있을 뿐이었다. 그까짓 몸에 걸치는 거추장스러운 액세서리들이 뭐라고 이렇게 요란일까. 반지에 다이아몬드가 박혀있던 것도 아닌데.

그러나 물건에 대한 애착은 대체할 수 없는 이유가 있을 때 값어치나 효용과 관계없이 깊어지기 마련이다. 액세서리를 사본 적이 없을 뿐더러 좋아하지도 않았던 반탐미주의자이자 살갗에 닿는 답답함을 싫어하다 못해 질색했던 모종의 자유주의자, 그런 사람이 사랑하는 인도를 기억하고 싶어서 몇 날 며칠을 고민하다 팔찌를 샀다. 그리고 내친김에 인도에서 이틀은 머물 수 있는 돈을 털어 반지까지 샀던 것이다. 게다가 반지는 손으로 한 올 한 올 엮어 만든 세상에 단 하나뿐인 것이었다. 작고 대수롭지 않은 것들에 애착할 수밖에 없는 이유였다.

하늘을 올려다보니 해가 지고 있었다. 케언즈에서 보기 드문 보랏빛 일몰이었다. 아름다운 석양 위로는 박쥐 떼가 향유하고 있었다. 그러나 아무리 세상이 아름다운들, 잃어버린 것에 대한 미련 때문인지 깊은 한숨만 나왔다. 가장 좋아하는 나라에서 산, 세상에 단 하나뿐인 것들을 잃어버렸다니. 별안간 상실의 아픔이 박쥐 떼의 비행을 따라 푸드덕 밀려오는 듯했다.

사실 미련에서 벗어나는 법을 모르는 것은 아니었다. 새로 산 핸드폰이 연달아 깨져서 더는 사용할 수 없게 되었을 때, 그래서 소중한 사진들이 모조리 날아가 버렸을 때, 이모에게 들은 말을 기억하고 있다. 깎아놓은 과일도 먹는 둥 마는 둥, 시무룩한 목소리로 핸드폰이 깨진 경위를 보고하는 내게 이모는 그렇게 말했다.

"그게 네 인연이 아니었나 보다. 깨진 핸드폰은 더 이상 너랑 인연이 아닌 것이야."

그때 잃어버린 물건에 아등바등 매달린 미련이 거짓말처럼 느슨해졌던 감각을 기억하고는 있다. 하지만 그것은 잠시였던 것일까. 괜찮다고 자기 암시를 걸어보아도 지나가는 길에 만난 여행자들에게 상실한 물건에 대한 아픔을 끊임없이 실토하는 것을 보면, 오래간 미련을 놓아주지 못했던 것이 틀림없다. 한번은 호스텔에서 만난 이름 모를 언니가 내 투정을 듣더니 그런 말을 해주었다.

"그런데 그렇게 치면 이 세상의 모든 것이 하나뿐인걸. 겉으로 보기에만 같은 모양인 것이지."

그녀는 필통에 들어있던 볼펜을 보여주면서 공장에서 대량으로 찍어낸 이것마저도 하나뿐인 거라 했다. 지우개도, 우리가 앉아있던 의자도, 걸쳤던 탁자도. 결국 세상에 존재하는 모든 것이 고루 하나뿐이라는 말이었다. 그것은 끝내 무엇이 더 소중하고 덜 소중할 것이 없다는 사실을 의미하기도 했다. 그저 내가 작위적인 범주를 만들고, 하나뿐인 것과 그렇지 않은 것을 나눈 것에 불과했다. 그 말을 곱씹어볼수록 오랫동안 놓아주지 못한 마음이 차츰 사라지는 듯했다. 오랜 미련도 바닷물을 따라 달아났다는 생각이 들었다.

어느 순간부터는 어쩌다 만난 사람들에게 잃어버린 물건들을 나열하는 일을 그만두게 되었다. 그저 인도에서 산 어떤 팔찌와 반지를 좋아했다고, 내가 새삼 그런 적 있는 사람이었다고 기억할 뿐이었다.

09
안전에 대하여

1월 어느 날,
매우 흐림

소개팅이 싫었다. 어쩐지 인위적인 만남. 무엇을 입을까 갖은 노력을 해서 나온 외관이며, 어떻게 해야 상대의 호감을 사로잡을 수 있을지 내가 아닌 나의 모습으로, 누군지도 모를 제삼자 중의 삼자와 마주 앉아 밥을 먹어야 한다는 사실. 막연히 떠올리기만 해봐도 시간이 아까울뿐더러 어색한 분위기에 짓눌려 전신이 산 낙지처럼 배배 꼬일 것만 같았다. 그래도 혹시나 하는 바람에 애써 나갔다가 역시나 불편함을 느낄 때면, 도통 호감이라곤 찾아볼 수 없는 모습으로 건중건중 시간을 보내다 돌아온 적도 있다. 우리 만남은 여기까지라는 것을 암시하듯이.

여행 중 인터넷에서 동행을 구하는 일도 어떤 맥락에서는 소개팅처럼 느껴졌다. 어쩌면 소개팅보다 더 했다. 그래도 소개팅은 이름과 나이, 얼굴, 어떻게 살아가고 있는지 정도는 알고 만나는데, 동행은 그렇지 않다. 대개는 서로의 세계에 대해 정말 미지한 상태로 만난다. 그나마 아는 것도 같은 나라의 공기를 마시고 있다는 점과 곧 어디로 떠날 거라는 사실 정도. 어쨌든 때마침 적적하고, 사진을 찍어줄 동료가 필요했던 등 서로 간 비슷한 목적에 의해 만남이 성사되지만, 그다지 대화가 통하지 않거나 배려에 대해 헤아리는 양이 다를 경우, 무려 그 여행지가 좋지 않은 기억으로 변색되는 위험까지 부담해야 한다. 그럴 바에야 나는 차라리, 홀로 고독함을 만끽하는 편을 선택하고 싶었다.

모든 사건은 우연해야만 낭만적이라고 믿으며 살아온 나의 지난 22년간의 역사도 한몫했다. 소개팅보다 '자만추(자연스런 만남 추구)'를 좋아하는데 여행이라고 동행을 구하며 다니는 일을 좋아하겠는가. 그래서 혼자 다니는 경우가 많았고, 언제나 낭만으로 두루 뭉쳐진 우연을 믿고 거리로 나섰다. 버스에서, 식당에서, 아니면 전망대에서, 별보다 달을 좋아하고 피아노의 가락 소리를 즐겨들으며 인도를 갔다 온 사람들을 우연히 마주치기 바라면서. 물론 숙소에 들어오는 그 순간까지, 나는 늘 보기 좋게 혼자였지만 말이다.

간혹 지나가던 누군가는 혼자 타국을 누비는 일이 위험하진 않냐고 물어보기도 하는데. 여행을 오래 하다 보면 제아무리 위험하다고 들어본 나라일지라도, 막상 와보니 '사람 사는 곳은 다 똑같다'는 사실이 태고의 진리처럼 느껴지기 마련이었다. 한동안 안전에 요란을 떨었던 나조차도 그러했다. 홀로 두 달간 인도를 무사히 다녀왔다는 생각, 별달리 위험한 일도 없었다는 생각이 오만하게 자리하면서 뜨거운 물에 몸을 담근 것처럼 전신의 긴장이 풀릴 무렵이었다.

때는 브라질 상파울루(San paulo)에 사는 카미네 집에 한동안 머물렀던 1월이었다. 한국에서 몇 해간 유학을 했던 그녀와 오랜만에 재회한 때이기도 했다. 카미는 나를 만나자마자 그간의 회포를 풀 겨를도 없이 조심할 점부터 일러주었다. 상파울루는 위험한 도시이니 승차 중에도 무릎 위에 가방을 두지 말라는 충고였다. 빨간 불의 신호 앞에 차가 정차해 있을 때, 도로를 떠도는 강도들이 가방을 발견하면 창문을 부숴서 가져간다는 까닭에서였다. 심지어 상파울루의 시내를 나설 때는 그녀가 본인의 폰으로 사진을 찍어줄 테니 핸드폰도, 여권도 두고 가라는 당부를 했다. 총을 든 강도들이 주머니는 물론, 가끔 복대도 뜯어간다고 겁을 주면서 말이다. 사실 나는 모든 것을 무심히 흘려들었다. 그렇구나, 무섭겠구나. 겉으론 고개를 주억거렸지만 설마 그러겠냐며 동조하진 않았다.

그러나 브라질에서도 가장 위험한 구역인 파벨라(Favela: 빈민촌)와 근접해있는 어느 횡단보도 앞에서 정신이 퍼뜩 들어야만 했다. 흡

사 총성과 유사한 소리를 들었던 것이다. 영화 속처럼 비둘기가 푸드
덕 날아갈 듯한, 실제 들어본 적은 없지만 직감적으로 분명 총소리였
다. 그때 카미는 아무 말도 않은 채 내 팔목을 붙잡고 빠르게 걸어갔
다. 그리고는 한 달 전 그 거리 인근에서 총기 난사 사건이 있었다고
말했다. 물론 우리에겐 아무 일도 없었지만, 한동안 떨리는 손을 진정
시킬 수가 없었다. 만약 그 순간 내가 홀로 거리를 다니는 중이었다면
어땠을까. 분명 더 위험했을 거다. 생각만 해도 아찔했다.

하지만 두려움을 감지한 사건이 이따금씩 홀로 다니고 싶은 의지,
아무에게도 방해받고 싶지 않은 마음까지 꺾지는 못하였다. 하필 그
런 생각이 든 것은 남미에서도 가장 위험한 도시, 거리에서 강도를 마

주쳤다는 소문을 숱하게 들은 리우데자네이루(Rio De janeiro)에서였다. 그래서 나는 스스로를 비호하기 위해 엄격한 철칙들을 세우고 다녔다. 억지로 나온 소개팅에서 그랬듯이, 강도에게도 매력이 부재한 사람으로 보이고자 부단히 노력한 것이다.

먼저, 첫인상에 있어 그들에게 가장 중요한 건 행색이었다. 복장에 따라 가진 몫을 가늠해보기 때문에, 나는 머리부터 발끝까지 채도가 낮은 복장을 입었다. 신발은 마실 가는 현지인이라도 되는 것마냥 구멍이 송송 뚫린 낡은 슬리퍼를 신기도 했다. 그러다 가끔 관광지에 가서 그럴듯한 옷을 입고 사진으로 남기고 싶을 때, 비닐 봉다리 같은 겉옷으로 찍을 옷을 감춘 후 그곳에서만 벗어 재끼곤 했다.

혹여나 행색을 불문하고 소개팅에서 외롭다는 이유로 다가오는 사람을 만나기도 하는 것처럼, 리우에서도 이방인의 얼굴만 보고 접근하는 강도가 있을까 우려하여 소지품을 간소화한 채로 다녔다. 귀찮아도 복대는 차고 다녔고, 돈은 분산해서 넣어뒀다. 한편, 강도를 만나는 상황에 대비하여 양말 속에 비상금을 넣고 다니라는 말도 있지만, 나는 걷기에 불편키도 하고 오히려 진부한 위치라 금방 들킬 것만 같았다. 그래서 손목 보호대 안쪽에 구멍을 만들고, 그 안에 최소한의 돈을 넣고 다니기도 했다. 쇠로 된 액세서리는 일절 하지 않았다. 그것은 강도를 유혹하는 가장 쉬운 조건이었다.

행색만큼이나 태도도 중요했다. 이 동네를 처음 온 사람, 그래서 주변을 어리벙벙하게 둘러보는 사람, 마침 긴장이 풀어진 건지 맥없이 걷고 있는 사람. 강도는 대개 그런 사람을 대단히 사랑한다. 그러니까 무심하고 익숙한 듯이, 그러나 과해서 어색하지 않게 걷는 것이 중요했다.

마지막으로 그들의 마음을 혹하게 하는 물건이 있는데, 바로 핸드폰이다. 그래서 어디서든 불쑥 꺼내지 않도록 주의해야 했다. 하지만 치명적인 문제가 있다. 그들이 사랑하다 못해 간혹 수집하기도 하는 그 물건의 지도 앱을 보지 않고서는 낯선 길을 찾아가기 힘들다는 점이다. 길치였던 나는 누구보다 자주 확인해야 했는데, 그럴 때면 안전한 곳, 특히 보안요원이 있는 은행에 들어가서 확인하곤 했다. 혹시라도 건물이 없을 때엔 주변을 쓱 둘러보았다. 여행지 근방이라면 분명 여행자처럼 보이는 사람들이 있기 마련이고, 어차피 여행자들이 가려는 코스가 다 비스름해서 동행인 듯 아닌 듯 그들을 좇다 보면 내가 가려는 곳도 자연 나타나곤 했다. 물론 그들이 숙소로 돌아가는 중이었다면, 유감스럽지만 그날은 운수가 없는 셈으로 쳐야 했다.

어쨌든 나는 끝내 무서운 당신들에게 매력적이지 않은 사람이었던 것 같다. 리우에서의 나흘, 그리고 이후 어떤 곳에서도 무탈하게 돌아다녔기 때문이다. 옆에서 나를 지켜보던 이들은 종종 과하다는 말을 건네기도 했다. 그러나 안전에 관해서는 요란을 부려도 된다고, 아니

그래야만 한다고 생각했다. 당신은 무사히 여행하고 돌아왔다 해도, 이후에 여행을 떠난 또 다른 당신도 그곳에서 안전히 목숨을 부지하고 돌아오리란 보장은 없으니 말이다.

FEBRUARY

● 우루과이, 몬테비데오

● 아르헨티나, 부에노스 아이레스

$$\downarrow \quad \begin{array}{l} \text{엘칼라파테} \\ \text{엘찰튼} \end{array}$$

● 칠레, 푸에르토 나탈레스

$$\downarrow \quad \text{푸에르토 몬토}$$

● 아르헨티나, 바릴로체

10
또, 사랑에
대하여

2월 첫째 주,
대체로 맑음

우루과이에 올 생각은 조금도 없었다. 줄곧 별달리 볼 것도, 즐길 것도 없으며, 물가는 이 대륙에서 가장 비싼 곳이라고 들었기 때문이다. 그런데 남미에 온 지 스무 일쯤 되는 날. 나는 밤인지 새벽인지도 모를 모호한 자정 녘에 우루과이의 수도인 몬테비데오(Montevideo)의 어느 호스텔로 성큼 걸어가고 있었다. 세계에서 가장 긴 축제가 열린다는 뜻밖의 소식을 들어서였다. 언제나 '세상에서 가장-'이란 타이틀을 가진 것들은 기약 없는 여행자의 발걸음을 붙잡는 법이었다.

남미에서 가장 치안이 좋은 곳이라고는 하나 밤거리는 늘 손에 땀을 쥐게 했고, 분명 걷고 있지만 뛰는 것만큼이나 다리를 바지런히 움직여야 했다. 터미널에서 30분쯤 걸었을 때가 되어서야 간판도 보이지 않는 작은 호스텔에 도착했다. 나는 나무로 된 여닫이문을 조심스레 열었다. 나무와 경첩의 마찰음이 괴이할 정도로 크게 들려오는 낡은 호스텔이었다.

호스텔의 로비는 세월의 흔적이 역력하면서도, 남미 특유의 화려한 채색과 화풍을 충실하게 담고 있는 곳이었다. 구석 한 편에는 낡은 피아노도 자리하고 있었다. 모서리가 갈라지고 건반이 부서진 피아노였다. 희끄무레하게 쌓인 먼지를 보아하니 오랫동안 이 호스텔의 식구가 된 것 같은데 앉을 의자는 보이지 않았다. 어쩌면 장식용인지도 모르겠다는 생각이 들었다.

그러나 이상하리만치 마음이 쓰였다. 분명 우루과이에는 카니발을 보러 온 것인데, 체크인을 하고 잠에 들기까지, 그리고 날이 밝기까지 머릿속은 온통 피아노로 가득했다. 연주는 할 수 있는 피아노일까. 건반 하나 눌러보면 될 것을, 괜히 부끄러운 나는 복도를 오가며 열심히 기웃거리기만 했다. 축제에 대한 관심은 순식간에 가물어 갔다. 어째서 이토록 피아노에 집착하게 된 걸까.

아마도 어린 시절 아득한 꿈, 십여 년간 피아노를 배워오면서 가요보다 클래식을 더 좋아했던 그 시절의 향수 때문인지도 모른다. 남들은 엄마 등쌀에 떠밀려 억지로 피아노학원을 가던 유년 시절, 그리고 곡을 연습한 횟수만큼 칠해야 하는 동그라미에 거짓으로 표하던 시절, 나는 피아노 앞에서 오래도록 둥당거리다가 선생님의 퇴근 시간에 맞춰 돌아가던 아이였다. 피아노를 좋아하다 못해 학교에서 나눠주는 장래 희망란에 피아니스트라는 막연한 꿈을 적어내기도 했지만, 어느 밤 이후로는 그 막연함조차 잊어야 했다. 집이 가난해져서 더는 피아노를 배울 수 없다는 사실을 고해야만 했으니까. 학원 밖을 나서는 마지막 밤에는 선생님 앞에서 구슬프게 울기도 했다.

그렇다고 피아노에 대한 미련을 바로 버린 것은 아니었다. 갈증이 난 사람처럼 인터넷으로 가락의 소리를 찾아 듣기 바빴고, 피아노가 있는 음악실을 청소하겠다고 음악 선생님께 직접 찾아도 갔다. 청소시간에는 도리어 먼지가 일어날 정도로 빠르게 청소를 끝내고 기어이 연주를 했다. 더는 이룰 수도 없는 꿈을 더듬어보고 있다니. 무슨 소용일까 싶어 마음이 간질거리다가도, 피아노의 가지런한 음률이 모든 설움을 달래주고 있다는 것만큼은 분명하게 느껴졌었다. 그래서 그랬다. 피아노는 그 시절 삶에 대한 위로이자 생각만 해도 마음을 질기게 잡아당기는 그리움 같은 것이었다.

조금은 긴장이 풀어진 듯했다. 나는 용기를 내어 호스텔 직원이었던 소피아에게 물어보았다.

"소피아, 저 피아노 칠 수 있는 거야?"

대답은 허무할 정도로 간단했다.

"당연하지! 네 연주를 들려줘!"

나는 부엌에서 굴러다니던 의자 하나를 피아노 앞으로 가져와서 앉았다. 그리고 곧 연주를 시작했다. 가장 좋아하는 곡이었다. 쇼팽의 즉흥환상곡. 쇼팽이 옆구리에 악보를 끼고 다닐 정도로 아꼈음은 물론, 죽기 전에는 태워달라고 유언마저 했던 곡이다. 그 곡에는 쇼팽의 각별한 사랑을 받은 것 말고도 유별난 점이 하나 더 있다. 연주란 대개 왼손과 오른손이 음정의 길이에 맞게 박자가 서로 맞물려지는데, 즉흥환상곡은 그렇지 않다는 점이다. 처음부터 끝까지 엇박자로 쳐야 한다. 즉, 한마디에 왼손은 여섯 개의 건반을 누르고, 오른손은 일곱 개의 건반을 눌러야 한다. 얼핏 듣기에는 양손의 박자가 분리되어 대단히 난해한 곡 같지만, 한 번 연주자의 손에 익으면 원 없이 자유롭고 조화로운 곡이 바로 엇박이다. 그래서일까. 칠여 년이 지난 지금도 머리가 아닌 손이, 곡의 음률을 생생하게 기억했다. 나는 건반을 정성스럽게 누르고 또 눌러댔다. 어느덧 호스텔에 머물던 여행객들이 나를 동그랗게 둘러싸고 있는 기적도 느껴졌다. 홀로 지나간 추억을 더듬어보려 했던 연주가 졸지에 작은 공연이 되어버린 것이다.

어쩌면 상상도 못 할 일이었다. 대야에 들어있는 마늘을 살가죽이 부풀어 오를 때까지 벗겨내야만 피아노 학원비를 벌 수 있었던 시절, 곧 그것도 버거워져서 이루기 위해 돈이 필요한 꿈은 쳐다도 보지 못한 십여 년 전의 가난한 꼬마. 그 작은 아이는 지금 이렇게 피아노를 치고 있을 거라곤 가늠조차 하지 못했을 것이다. 그것도 고향에서 가장 먼 대륙에 있는 우루과이에서, 생전 만나보지 못한 각국의 사람들에게 둘러싸여 호기롭게 피아노를 치는 양이라니. 별안간 코가 시큰해지는 감각이 느껴졌다.

나는 눈물이 흐를세라 마침표를 찍자마자 자리에서 일어섰다. 그러고는 도망치려 했지만, 그럴 새도 없이 붙잡혀버렸다. 연주의 끝까지 자리를 지킨 이들로부터 살면서 한 번도 받아본 적 없는 박수갈채를 받은 것이다. 열렬한 환호였다. 작고 낡은 호스텔의 공기가 후끈해지는 것이 느껴졌다.

그날 이후로 나는 호스텔의 유명인사가 되어버렸다. 복도에서 마주친 여행객들이 내게 연주하는 시늉을 하거나, 엄지손가락을 들며 아는 체를 했다. 우리는 서로의 언어를 알 수 없었지만, 피아노를 매개로 소통했고 얼굴만 마주쳐도 곰살궂게 웃기도 했다. 나는 그들의 환대에 화답이라도 하듯 다음날, 그다음 날에도 또다시 피아노의 건반을 누르곤 했다.

하지만 피아노를 그만둔 지 칠 년이나 지났는데 악보도 없이 다른 곡을 연주할 수 있을 리 만무했다. 겨우 생각나는 곡을 쳐보려고 하다가도 몇 마디 땡강거리다 그만두기 일쑤. 그렇다고 즉흥환상곡만 연주할 수는 없었다. 아무리 좋아하는 곡도 수어 번 들으면 질리기 마련이었다. 그래서 연주를 들은 누군가가 억지로 박수칠지도 모른다는 생각이 들었다. 결국 그들의 기대에 부응해야 할 것만 같은 부담감 속에서 피아노를 조금씩 멀리하게 되었다.

그러다 야간 버스를 타고 부에노스아이레스로 돌아가는 우루과이의 마지막 날, 소피아가 내게 요즘 피아노를 연주하지 않는 이유를 물어보았다. 마지막 날인데, 듣고 싶다면서. 나는 완주할 수 있는 곡이 늘 같은 곡이라 부끄럽다고 했다. 그러나 소피아는 단호하게, 그런 건 문제가 되지 않는다고 말했다.

"다연, 중요한 건 우리가 너의 연주를 좋아한다는 거야. 그러니까 가기 전에 너의 연주를 꼭 듣고 싶어."

그녀는 서툰 영어지만 분명한 어조로 답했다. 그래서 다시 피아노 의자에 앉았고, 내가 마지막으로 연주한다는 소식에 호스텔 식구들이 다시금 동그랗게 모여들었다. 곧 삐걱거리는 손으로 연주를 시작했다. 이곳에서 서너 번째 연주하는 쇼팽의 즉흥환상곡이지만 전보다는 템포가 빨랐으며 다들 바싹 붙어서 동영상을 찍고 있다는 사실도 의식하지 못할 만큼 연주 속에 깊이 매몰되어 있었다.

　그리고 마침내 곡의 마침표를 찍고 일어났을 때, 관객이 되었던 이들은 변함없이 웅대한 환호를 보내주었다. 무엇을 이유로든 무대 위에 올라본 사람이라면 알고 있을 테다. 이토록 뜨거운 지척의 갈채는 눈앞을 깜깜하고 아득하게 만든다는 것을. 그리고 마음에 남는 것은 오직 격한 감동이라는 것을. 나는 이번에도 역시 가방을 메고 도망가려 했지만, 소피아의 손에 그만 붙잡혀야 했다. 그녀는 내가 부서지도록 꽈악 안아 주며 말했다.

　"돈 고! 컴 백! (가지 마! 돌아와!)"

　그녀는 이렇게 좋은 연주를 들려줘서 고맙다고도 했다. 칠레에서 음악 선생님으로 일하는 마르셀도 고맙다며, 피아노를 배우고 있는 손녀에게 내 연주 동영상을 보여주고 싶다는 말도 덧붙였다. 이토록 열렬한 반응에 어쩔 줄 몰라 하다가, 기뻐하다가, 다시 쑥스러워하다가, 버스라도 놓칠세라 부랴부랴 문밖으로 나갔다. 호스텔 식구들도 뒤따라왔다. 그리곤 간판 없이 낡은 여닫이문 앞에 옹기종기 모여 배웅을 해주었다. 잘 가라기보다 다시 돌아오라 했고, 너의 피아노 소리를 좋아한다고, 그리워할 거라고 인사했다. 얼마간 걸어갔을 때는 누군가 허겁지겁 뛰어오며 나를 불렀다. 마르셀이었다. 그는 연주에 대한 답례로 직접 그린 엽서를 건네었다. 바닷물로 채색된 아주 예

쁜 엽서였다.

 버스 터미널로 돌아가는 길목엔 아무도 없었다. 늦은 밤, 다들 축제를 보러 갔는지 거리는 고요하고 곳곳에는 침묵이 쌓여있을 뿐이었다. 벽돌을 저벅저벅 밟는 발소리만이 온 세상의 소리마냥 크게 들려오는데도, 좀 전의 환호가 아직도 메아리같이 들려왔다. 내가 좋아하는 일이 누군가도 행복하게 만든다는 것. 그래서 나도 다시금 행복해지는 영겁의 순환 고리 속에서 내가 느낀 것은 아마도 사랑이었으리라. 우연인지 필연인지, 내가 저 작은 호스텔에서 내내 연주했던 쇼팽의 즉흥환상곡은 사랑이 가져오는 모든 환상을 노래한 곡이라 했다.

작곡자가 사랑을 노래했기에, 그리고 곡을 너무나 사랑했기에, 많은 사람이 사랑하고 우루과이의 작은 호스텔의 각기 다른 역사와 생을 살아가는 우리들마저도 사랑으로 말미암아 행복을 느꼈던 것은 아닐까. 문득 사람은 사랑하고 사랑받는 기억으로 여남은 생을 살아갈 수 있을 거란 생각이 들었다. 사랑하며 살아가는 일이 우리의 삶, 광막한 인간사 속에서 얼마나 중요한 건지도 느꼈다.

여행을 다녀온 후 그것이 또 하나의 작은 생이라도 되는 것처럼, 누군가는 기나긴 여행의 태곳적부터 종말에 이르기까지 가장 행복할 때가 언제였냐고 물어보곤 한다. 나는 여지없이 우루과이를 떠올린다. 사람은 사랑으로밖에 살아갈 수 없다는, 결국 사람의 생애는 사랑받고 사랑하는 것으로 귀결된다고 느꼈던 우루과이의 낡은 호스텔을.

11
히치하이킹에
대하여

바람으로 기억되는 도시가 있다. 생장하
는 식물이 되고 싶을 만큼 볕이 따듯했던
인도 우다이푸르(Udaipur)의 바람이라든
가, 이름 모를 보랏빛의 꽃내음을 실어 온
스페인 세비야(Sevilla)의 춘풍, 칠레 토레
스 델 파이네(Torres del paine) 정상에서
오돌오돌 맡았던 서릿바람과 모로코 탕
헤르(Tanger)의 시큼한 바닷바람, 그리고
화롯불처럼 뜨거웠던 순례길의 열풍까
지. 모두 바람으로 얽히어 기억되는 도시
다. 별달리 애쓰지 않아도 눈에 담은 경광
보다 느껴진 바람이 선명히 기억나는 것
을 보면, 사람이 보기보다 촉각에 예민한
존재임을 깨닫는다.

남미 남단에 있는 아르헨티나 엘칼라파
테(El calafete)는 호된 바람이 불었던 것
으로 기억한다. 여름에도 조금 추운 곳이
라고는 하나, 해가 뜬 날이면 따스한 기운

에 속절없이 잠이 쏟아질 때도 있었다. 그런데 하필 남미에서 가장 아름다운 산인 엘찰튼(El Chalten)의 피츠로이(Fitzroy)를 보러 가는 날, 그것도 생애 첫 히치하이킹으로 이동하려던 날에 불어온 바람은 유달리 차갑고 소란스러웠다.

그 바람을 뚫고 자동차 유동량이 많은 마을 초입에 터를 잡으려면 꽤나 걸어가야 했는데, 시내에서는 도보로 사십 분. 무리할 정도로 먼 거리는 아니지만, 어찌 된 일인지 마을 중심부를 벗어나자마자 보이는 광경은 허허벌판이었다. 바람을 막아줄 어떤 유형물도 존재하지 않았기 때문에 온몸으로 풍압을 맞서야 했다. 그런 날엔 체감온도도 현저히 떨어진다고 하지 않던가. 정말 추웠다. 표피층이 벗겨질 것만 같은 대단한 추위였다.

나는 당장 무엇에라도 타고 싶었다. 트렁크라도 좋으니 사정없이 부는 칼바람을 피하고만 싶었다. 그래서 겨우내 도착한 마을 입구에서 조금 호전적이다 싶을 정도로 당차게 엄지손가락을 흔들었다. 마을 입구로 나오고 있는 모든 운전자에게 주차요원처럼 인사를 건네는 일도 빼먹지 않았다. 엊저녁엔 부끄러워서 손도 들지 못하고 돌아오면 어찌하나 싶었는데, 그것은 괜한 기우였다.

그러나 마을 밖을 나서는 차량 자체가 많지 않았을뿐더러 겨우 지나가던 차마저도 만원. 바람은 한동안 그칠 줄 몰랐다. 삼십 분쯤 흘렀을까. 몸속의 세포까지 얼어버리려던 찰나, 기적처럼 작은 봉고차 한 대가 멈춰 섰다. 나는 우당탕탕 달려갔다. 봉고차 안에는 오랜 친구처럼 보이는 할아버지 두 분이 앉아있었다.

"노 피츠로이, 솔로 메디오(우리는 피츠로이까지 가지 않고 중간까지만 가는 길이야)."

엘칼라파테에서 엘찰튼까지는 버스로 네 시간 정도, 내비게이션이 무용한 직선도로이지만 딱 한 번 왼쪽으로 꺾이는 갈림길이 나오는데, 공교롭게도 그들의 목적지가 그곳이었다. 그 기로가 정확히 어디쯤일지, 거기서 얼마나 더 가야 엘찰튼일지, 차가 지나가긴 할지 아무것도 아는 바가 없었지만, 추위 때문에 무엇 하나 헤아릴 엄두가 나지 않았다. 당장 타야만 했다. 그러나 남는 자리는 정말 봉고차에 딸린 커다란 창고용 트렁크뿐. 어느 배낭여행자의 말로는 현지인 운전자와 이동하는 동안 적적치 않게 대화를 주고받으며 추억을 쌓을 수 있는 것이 히치하이킹의 매력이라고 했는데, 나에게는 크나큰 환상이었다. 앞 좌석과 트렁크 사이는 유리로 차단되어 있어서 말을 붙여보기는커녕 그저 그들의 뒷모습만 바라보며 갈 수밖에 없었다. 그렇게 한 시간을 이동했고, 곧 등장한 갈림길에서 이름 모를 은인들과 작별을 고했다.

여전히 건물도, 나무도, 그 무엇도 없는 황량한 도로였다. 지평선이 보이는 곳이라 아주 먼 발치에서 오는 차도 아슴아슴 보일 텐데, 어찌 된 일인지 한참 동안 아무런 기척이 없었다. 갈대를 닮은 풀만 바람결에 너울너울 춤을 추었고, 이따금씩 부는 강풍에 뿌리째 뽑혀 나갈 정도로 격동할 뿐이었다. 그 풀을 따라 나도 이리저리 휘청거렸다. 이젠 다시 돌아갈 수도, 그렇다고 머무를 수도 없는 사면초가. 마땅히 포기할 방법조차 없다는 것, 그것은 지구상에 홀로 남겨진 듯한 헛헛한 느낌마저 들게 했다.

발이라도 동동 굴러야 추위를 견딜 수 있을 것 같았다. 주머니에 손을 넣고 사방천지로 폴짝거리는데, 마침내 저만치에서 검정 승용차 한 대가 달려오는 모습이 보였다. 한참 만이었다. 나는 있는 힘껏 손을 흔들었고, 지나쳐서 가는 줄로만 알았던 승용차는 브레이크를 밟았다. 조수석에 있던 창문이 쓱 내려가자 수염이 덥수룩한 할아버지가 앉아있었다. 창문의 좁은 틈새로 따뜻한 히터 바람이 느껴졌다. 할아버지는 곧 무심하게,

"피츠로이? 시간 없으니까 얼른 타!"

라고 말했다. 이번에는 갈림길이 아닌 같은 목적지, 트렁크가 아닌 온전한 뒷좌석이었다. 그러니까 히치하이킹의 로망까지 이룰 기회였다. 천우신조가 아닐 수 없다. 당장 문을 열고 후다닥 탔다.

페르딘 할아버지는 자신을 모로코에서 온 여행자라고 소개했다. 운전석에 앉아있는 아르헨티나 출신의 레오를 운전기사로 고용하여 남미 전역을 여행하는 중이라고 했다. 대화 중 8할은 할아버지의 농담으로 난무했고, 제스처와 추임새까지 익살스러운, 그야말로 유쾌한 수다쟁이였다. 한번은 나를 태워준 까닭에 대해 논하기도 했다.

"나도 너만 한 시절에 여행을 즐기곤 했단다. 특히 유럽에서는 히치하이킹을 하면서 다녔는데, 정말 많은 사람이 나를 태워줬어. 그래

서 너를 보고 지나칠 수 없었단다. 내가 그때 받은 걸 이젠 돌려줘야
할 차례인 거야."

문득 어릴 적 읽었던 동화책이 떠올랐다. 컵라면은 꼬리에 꼬리를
물고인가. 지금은 제목도 희미하지만, 내용만큼은 선명히 기억나는
그 동화책은 병원에서 간병 중인 주인공이 배가 고파서 무심코 냉장
고를 열어보는 것으로 시작된다. 안에는 컵라면과 쪽지가 있었고, 누
군가 깜빡 두고 갔을 거란 생각과 달리 종이에는 뜻밖에도 자신에게
건네는 말이 적혀있다.

'이전에 병실을 쓰셨던 일면식도 없는 분이 배고프면 먹으라고 냉
장고에 컵라면을 두고 가셨는데, 간병으로 지친 저에게 큰 감동이 되
었습니다. 저도 컵라면을 두고 갑니다. 배고픈 누군가가 맛있게 드시
길 바라요.'

그 덕에 배고픔을 삭힌 주인공도 병원을 떠나는 날, 새로 산 컵라면
과 같은 내용을 담은 쪽지를 두고 가게 된다. 그리고 누군가를 위한
작은 선행이 감동을 전하게 되고, 꼬리에 꼬리를 물다 보면 세상이
따듯해지지 않을까란 생각으로 이야기의 막이 내린다. 아마도 이 책
을 읽었을 때가 초등학교 삼학년이었다. 사람은 지혜로워야 한다고
말하는 책, 부모님을 공경하고 친구를 사랑하라는 이야기, 그들을 돕
고 베풀어야 한다는 글을 읽어봤어도, 누군지도 모르는 사람이 임의

의 3자에게 선을 베풀며, 결승선이 없는 이어달리기에서 바통 터치하듯 환대를 건넨다는 이야기는 어린 나에게 대단히 생경했다. 그러면서도 그런 세상이 온다면 얼마나 좋을까. 막연히 꿈을 꾸며 살았다.

십여 년의 세월이 흐르는 동안 어쩌면 자연스러운 걸지도 모른다. 모래 위에 새겨놓은 글씨처럼 유약했던 꿈은 어느덧 파도에 휩쓸렸고, 지워졌고, 마침내 잊혔다. 그 대신 세상은 각박하고 서로에게 모진 것. 나도 모질지 않으면 피라냐 같은 사람들에게 뜯겨 나가는 것. 그래서 차갑고 호된 존재가 되어야 하는 것. 힘없이 뭉그러진 모랫바닥 위에는 그러한 생각들이 마치 인간사의 섭리처럼 단단하게 자리했다.

그러나 기나긴 여행의 태초부터 오늘에 이르도록 나는 무수한 호의를 받아오지 않았던가. 인도에 처음 도착한 날, 시험도 마다하고 나를 역까지 데려다준 디카트, 호주에서 공항 노숙하려던 나를 도와주신 켄지 삼촌과 시드니의 재성 오빠, 그리고 케언즈에 머무는 동안 갖은 식량을 나눠준 메이리스, 지금의 페르딘 할아버지까지. 그 외에도 수많은 사람이 있었다. 그들은 누군지도 모를 나에게 하염없이 컵라면을 주고 가는 사람이었다. 그러니까 동화보다 더 동화 같은 현실은 실재하고 있었다.

다만 모두가 컵라면을 건네는 사람일 순 없다. 하지만 그들처럼 타자를 환대하는 이가 한 명이라도 존재하면, 결국 꼬리에 꼬리 물듯 세상도 따뜻해질 수 있지 않을까. 동화 속에만 존재할 법한 이야기가 어느 순간부터 현실을 뚫고, 파도에도 지워지지 않는 단단한 모래 위에 쓰일 수 있지 않을까. 인간사가 억겁의 세월을 거쳐 궁극에는 만물을 존중하는 방향으로 발전하고 있듯 느리지만 분명하게. 이젠 내가 바통을 터치할 차례라는 생각도 들었다.

나는 할아버지에게 연신 감사하다는 말을 전했다. 그는 어깨를 으쓱였고 레오는 쑥스럽게 웃었다. 그런 둘 사이에서 불어온 히터 바람에 몸이 충분히 녹았던 건지, 어느덧 표피층에는 닭살이 돋아나 있었다. 따뜻했다. 경직된 근육까지도, 차가운 마음까지도 사르르 녹은 것만 같은 포근함이었다. 어떤 면에서는 칼라파테가 호된 바람이 아니라 따뜻한 바람으로 기억되는 것 같다.

MARCH

S	M	T	W	T	F	S
		1	2	③	4	5
6	7	8	9	10	11	⑫
13	14	15	16	17	18	19
⑳	21	22	23	24	25	26
27	28	29	30	31		

● 칠레, 산티아고

      ↓ 아타카마

● 볼리비아, 우유니

      ↓ 라파즈
      ↓ 코파카바나

● 페루, 푸노

      ↓ 쿠스코

12
성추행에
대하여

3월 어느 날,
대체로 맑음

"다연아, 산티아고는 여름에 비가 안 와. 그런데도 가뭄이 없어. 왜 그럴까? 넌 똑똑하니까 맞출 수 있을 거야."

칠레 산티아고(Santiago)의 전경을 내려다볼 수 있는 산크리스토발언덕(Cerro San Cristóbal)을 오르는 중이었다. 캐나다 아저씨는 안개인지 먼지인지 모를 희끄무레한 기체 덩어리에 둘러싸인 산등성이를 가리키며 내게 불쑥 질문을 건넸다. 답이 떠오르지 않았다. 바다를 끼고 있어서 그런 걸까.

"땡! 잘 생각해봐."

모르겠다. 아저씨가 예단한 만큼 나는 그리 똑똑한 사람이 되지 못했으며 실은 별달리 생각할 의지 자체가 없기도 했다. 두 발이 어디를 지탱하고 있는지조차 희미하게 느껴지는 몽롱함과 더불어 심장에 구멍이 뚫려서 설렁한 바람이 관통하는 것 같은 헛헛한 느낌. 그런 감각 속에서 나는 산티아고의 여름에 비가 오지 않는 이유는 궁금하지도 않았고 앞으로도 그러리란 생각이 들었다. 머릿속엔 온통 사흘 전에 있었던 일이 아귀처럼 괴롭힐 뿐이었다.

* * *

사흘 전 새벽은 유달리 괴괴했던 것으로 기억한다. 모두가 잠든 시각, 초침 소리가 이상할 정도로 선명하게 들리는 동이 틀 무렵이었다. 그 적막 속에서 나는 쏟아지는 잠을 마다하며 어기적 일어났다. 닷새간 동행한 어르신을 배웅하기 위해서였다. 어르신은 일전에 여행 정보를 공유하는 채팅방에 올라온 사연의 주인공, 그러니까 오래도록 세계여행 중인 딸을 만나기 위해, 그리고 연로한 나이에 배낭여행을 도전하기 위해 이 대륙을 밟게 된 한국인이었다. 부녀는 각자의 일정 때문에 헤어졌지만, 딸은 아무래도 아버지가 계속 눈에 밟힌 모양이었다. 부녀의 구구절절한 곡절을 담은 글을 채팅방에 공유한 것이었다. 혹여라도 아버지를 마주치는 이가 있다면 잘 부탁드린다는 말도 덧붙였다. 채팅방엔 그들을 응원하는 훈훈한 공기로 가득했다. 고향에서 가장 멀리 떨어진 이국을 여행 중인 한국인이라면, 누구든지 그 글을 읽고 자신의 아버지가 떠올라 애틋해지는 법이었으니 말이다. 내 머릿속에도 부디 당신네의 도전이 어그러지지 않고 안전하길, 그리고 아름차길 바란다는 생각이 설핏 스쳐 갔다.

그런데 아르헨티나 바릴로체(Bariloche)의 한 호스텔에서 나는 뜻밖에도 사연의 주인공을 만나게 되었다. 대뜸 일정이 맞는 곳까지 동행할 수 있냐는 어르신의 부탁에는 얼굴도 모르는 딸의 걱정이 내 것처럼 일렁거렸다. 그래서 선뜻 알겠다고 답했다. 혹 그게 아니더라도 오 개월 남짓 여행하는 동안 나는 얼마나 많은 사람의 도움을 받아왔던가. 어느 모로 보나 도와주고 싶은 마음이 있었다. 그날 밤에는 어르신의 딸에게 연락도 보냈다. 얼마나 걱정될지 안다고, 오늘 내가 만났으니 당분간 아버지를 염려치 않길 바란다며.

그러나 나이 지긋한 어르신과 다니는 일이 쉽지 않으리란 가늠은 했지만, 그것은 생각보다 더 고된 여정이었다. 한 푼이라도 아끼기 위해 늘 걸어 다녔던 내가 택시를 타야 했고, 걷더라도 촉박한 일정과는 무관하게 어르신의 속도를 살피며 천천히 걸어야 했다. 그리고 환전, 버스표 구매와 같은 간단한 도움을 청하던 어르신은 잡다한 모든 일에도 손을 필요로 했다. 어느 순간부터는 내 여행조차 온전히 즐길 수 없는 지경에 이르렀다. 그러다 만난 지 엿새가 되던 새벽, 오래된 민박집에서 마침내 작별을 고하게 된 것이었다.

여행 중 이별을 앞두고 나는 얼마나 많은 사람과 서로의 무사를 기원하며 추억을 되새겨보았던가. 아무리 짧은 동행이라도 헤어짐은 지난 동행이 추억으로 박제될 예정이며 앞으로 다시 볼 수 없을지도 모른다는 사실을 의미하기에, 조금은 뭉클해지는 것이 사람의 마음이었다. 그래서 어르신과 나도 조심하라는 인사를 건네며 이별의 포옹을 나누게 되었다. 그런데 그때 기막힌 일이 벌어졌다. 공교롭게도 아무도 없는 5인실, 작별을 고하는 숭고한 순간, 내 또래 딸이 있다는, 그리고 딸을 보러 남미에 왔다는 감동적인 서사 속에서 나는 성추행을 당한 것이다. 어찌 보면 나는 당신 자식과 면식도 있는 사람이었다. 그런데 그런 부녀의 여행을 응원하며 느꼈던 뜨거운 감정은 다 무엇이었던 걸까. 모두 허상이었던 걸까. 나는 곧바로 손을 뿌리치고 침대로 돌아가 이불을 뒤집어쓰는 것 말고는 별달리 무엇을 해야 할지 몰랐다. 그저 죽은 듯이 잠든 척을 했다. 그도 버스 시간이 촉박해진 건지 아무 일도 없던 것처럼 배낭을 마저 챙기기 시작했다.

당연하지만 잠은 고사하고 온몸이 바들바들 떨리는 게 느껴졌다. 앞으로 어떻게 해야 할까. 수치스러운 일을 죽을 때까지 비밀로 해야 할까. 무엇 하나 정리되지 않은 혼잡함 속에서 지난 일들이 닥치는 대로 떠올랐다. 스물한 살이 저물자마자 휴학을 했고, 8개월 내리 억척스레 아르바이트를 했다. 이렇게나 간절히 원하는 목표는 없었으며, 먹고 싶은 것, 사고 싶은 것, 하고 싶은 것, 모조리 내려둔 채 애틋하게 준비해왔다. 하루에도 수십 번, 강도를 만나거나 사고로 돌아오지 못하는 상상을 하며 두려워하다가도, 그마저 품어보기 위해 떠나온 여행이었다. 그렇게 소중한 여행이 누군가의 오욕과 배신으로 일그러졌다. 되씹어볼수록 정신이 또렷해졌다. 더는 몸이 떨리지도 않았다. 아니, 떨리는 것을 느낄 새도 없이 강렬하게 지나가는 생각 하나가 있었다. 내가 겪은 일을 그냥 지나칠 수 없다는 생각. 숨겨서도 안 되고, 숨길 것도 없으며, 남은 것은 사건의 온 경위를 드러내어 곱절 사과를 받고 필경에는 갈기갈기 찢어버리겠다는 의지였다.

때마침 떠날 채비를 마쳤는지, 방문 언저리에서 태연하게 작별 인사를 건네는 노인의 목소리를 들려왔다. 나는 이불을 박차고 벌떡 일어났다. 그리고 좀 전의 내가 겪은 일을 하나하나 읊으며 소리를 질렀다. 당황하기도, 부인을 하기도, 혹은 말을 더듬기도 하는 그의 모습을 보니 도저히 혼자 힘으로는 아무런 해결이 나지 않을 것 같았다. 나는 당장 거실로 뛰어나갔다. 어느덧 민박집 아주머니가 아침을 끓이고 있었고, 그제야 안심인지 두려움인지 무엇인지 모를 눈물이 터져 나왔다. 성추행을 당했다는 말에 아주머니는 나를 안아주었지만, 애석하게도 그때 들은 말은 조금도 위로가 되지 못했다.

"원래, 여자로 태어나면, 다- 그래."

그러나 그때는 아주머니의 말에 신경 쓸 여력이 없었다. 그저 거실로 내려오는 이를 가리키며, 새벽에 있었던 범행을 낱낱이 고하기 바빴다. 어수선한 소리를 들었는지 민박집 식구들도 하나둘 일어나기 시작했다. 숱한 이목이 쏠리자 그는 자신의 범행 사실을 완연히 부정했고, 나는 그것보다 더 명확하게 추궁을 가했다. 결국 노인은 마지못해 성추행 사실을 시인해왔다. 그리곤 무릎이라도 꿇어야 하는지 묻기도 했다. 말끝에는 빈정거림이 들러붙어 있었지만, 일단 그러라고 하고 곧바로 녹음기를 켰다. 자백을 하는 목소리가 건조하게 기록되었으나 조금의 진심도 담겨있지 않은 말이었다. 그도 그럴 것이,

"그래 내가 그랬다, 미안하고, 됐지?"

라는 답을 들어야 했다. 태어난 이래로 이렇게 소리를 질러본 적은 유일했고, 그토록 과도한 에너지를 쏟아붓는 동안 나는 지쳤던 건지, 얼굴이 보기 싫었던 건지, 아니면 더는 어떻게 해야 할지 몰랐던 건지, 아마도 후자에 가까웠겠지만, 그에게 그만 가라고 말해 버렸다.

이만하면 매듭을 잘 지은 거로 생각했다. 스스로 잘했다고도 도닥였다. 도닥이다가도, 세계 일주를 떠난 사람들은 하나같이 좋은 사람들과 행복하게 여행하던데 어째서 나만 이렇게 삐걱거리다 추락해 버린 걸까. 그런 생각이 떠오를 때면 모든 게 야속하게 느껴졌다. 만약 그때 호스텔에서 만나지 않았더라면, 내가 도와주지 않았다면, 산티아고에 같이 오지 않았다면, 그리고 배웅하지 않았다면 따위의 무용한 생각들이 꼬리에 꼬리를 물기도 했으며, 끝내 여행을 그만두고

싶은 생각에 닿게 되기도 했다.

　그러나 단체 카톡방에서 근황을 공유 중인 노인의 소식을 우연히 목격하게 된 어느 낮이 되어서야, 비로소 상황이 부조리하게 흘러가고 있다는 것을 깨달았다. 어째서 피해자가 여행을 포기하고, 가해자는 보란 듯이 아름찬 여행을 하는 걸까. 결국 사건을 채팅방에 공론화시키는 것으로, 엉킨 매듭을 마저 풀기 위한 신호탄을 쏘아 올렸다. 하지만 일전에 나와 연락을 나눴던 노인의 딸이 등장하여 추행은 오해라 해명했고, 내가 돈을 바라는 꽃뱀인 것 같다는 의혹도 덧붙여왔다. 그리고 정작 당사자와 연락이 되지 않아서 딸을 중개로만 소통을 취할 수 있었다. 사건이 발생한 지 사흘이 지난 후에는 명예훼손으로 고소하겠다는 역습마저 받았다. 그때 옆에서 지켜보던 주인 할아버지는 난데없이 갖은 호통을 치기도 했다.

　"그러게, 왜 같은 방을 썼냐고!"

　같은 방을 준 것이 당신이었다는 사실을 까마득히 잊은 걸까. 그 말에는 민박의 평판을 잃고 싶지 않은 속내가 찌뿌둥하게 자리하고 있었다. 어느 순간부턴 나를 두둔해줬던 민박 식구들도 거리를 두기 시작했다. 결코 도와달라 구걸하진 않았지만 돌연 변해버린 태도는 벼랑 끝에 홀로 피어있는 것만 같은 참담한 기분이 들게 했다.

그러다 짜장면을 사주며, 앞으로 더 강해지란 말로 도닥여준 사람이 바로 캐나다에서 온 아저씨였다. 그리곤 고소를 준비하는 내게 잠시 하던 일을 멈추고 함께 등산을 가자고 부추겨왔다. 내키지는 않았으나 민박집 불청객이 되어버린 듯한 분위기에 질리던 참이었고, 결국 별수 없이 따라 나가게 된 것이었다. 여하튼 이같은 사건의 대장정으로 나는 다른 말이 귀에 들어올 리 없었다. 칠레 여름에 비가 오지 않는 이유, 그런데도 가뭄이 들지 않는 이유. 그게 다 알게 뭐람. 고민하는 척을 하다가 고개를 절레절레 저었다. 그런데,

　"뭐냐면, 안데스산맥 위에 쌓여있는 눈이 녹아 흘러내려서 큰 호수를 만들기 때문이란다. 그래서 산티아고엔 비가 오지 않아도 사람들이 풍요롭게 살 수 있는 거란다."

　아-.

　"또 산맥은 험준해서 적군이 함부로 산을 넘을 수 없도록 지켜주기도 했어. 겨울에는 찬 바람을 막아줘서 이곳의 기후는 늘 안정적이기도 해. 다 안데스산맥 덕이야."

　생각지도 못한 답이었다. 산맥 하나가 어느 나라의 파란곡절을 막아내어 궁극에는 억만 장생에게 내일을 살아갈 힘을 준다니. 순간, 저 어슴푸레한 산등성이가 영성이 깃든 생명처럼 보이기 시작했다. 견

딜 수 없는 감동도 함께 몰려왔다. 물론 안데스산맥은 조산 활동의 결과로 형성된 만큼 재해를 유발하면서 사람들을 고통스럽게 하기도 하나, 그런 논리적인 사실이 중요하진 않았다. 혹은 마음이 나약해져서 무엇이든 감동으로 느껴지는 건지도 모르지만, 그런 인과 관계의 진위도 지금은 중요치 않았다. 분명한 건 안데스산맥 이야기를 듣고 잘 이겨내고 싶은 의지가 생긴 것이었다. 처음 성추행을 당하고 떠올랐던 패악스런 생각과는 결이 달랐다.

안데스 산맥을 닮은 사람이 되고 싶었다. 그러니까 더 멀리, 크게, 현명하게 지난 일을 돌아보고 극복하고 싶었다. 성추행에 무너지는 내가 되지 말아야지. 여행을 포기하지 말아야지. 나약한 감정에 천착되어서 울지 말아야지. 고소가 최선이 아니라는 생각도 들었다. 더 큰 사람이 되라던 아저씨의 말이 무슨 뜻인지도 알 것 같았다. 민박집으로 돌아온 뒤에는 맞고소를 하겠다던 가해 측 딸의 메시지를 다시 읽어보았다. 여전히 마음이 콕콕 쑤신 한편 눈물은 나오지 않았으며, 오히려 정신이 낭랑해졌다. 나는 고심 끝에 답장을 보냈다.

'서로가 고소하는 것이 최선이라 생각하지 않아요. 그러나 가족이라서 믿을 수밖에 없는 당신의 마음을 나도 이해하는 만큼, 당신도 본인의 아빠가 나 같은 타인에겐 그저 남이라는 사실을 이해할 수 있을 때가 되어서야 우리는 유의미한 대화를 할 수 있을 거로 생각해요.'

언제나 벼락같이 빠르게 답장을 보냈던 그 딸은 이번만큼은 한동안 답장을 보내지 않았다.

어쩌면 운이 좋았던 걸지도 모른다. 여행을 재개하기로 마음먹고 산티아고를 떠난 지 이틀이 흘렀을 때였다. 그러니까 칠레 북부 도시인 아타카마(Atacama)에 도착한 날, 마침 달도 없던 그믐밤, 세계에서 가장 많은 별이 보이는 사막에서 안데스산맥처럼 잘 견뎌내고 싶다는 소원을 빈 날, 나는 끝내 당사자로부터 자백을 받게 된 것이었다. 하지만 그가 연락한 까닭은 딸을 속였다는 죄책감에 기인한 것처럼 보였고, 나또한 이렇게 단출한 사죄를 받을 거면 공론화시키면서까지 일을 크게 끌고 가지 않았을 터였다. 결국 고심 끝에 합의를 위한 조건을 요구하겠다는 메시지를 보냈다. 곧 생각을 다듬어보기 위해 신발을 신고 거리 밖으로 나섰다.

아타카마 마을 어귀를 조금 벗어나면 지평선 너머로 안데스산맥이 보인다. 신기루처럼 보이기도 하고 누군가 아주 먼 곳에 유화로 그려놓은 그림처럼 보이기도 한다. 희미한 산맥을 보면서 나는 한참 간 생각의 수렁에 빠졌다. 사건 이후 기나긴 밤을 거치면서 느낀 점은 내 처지에 대한 원통함도 있지만, 생각보다 많은 사람이 성추행을 겪었다는 사실에 대한 분노와 아픔이었다. 본인도 유사한 경험이 있었다고 조심스레 말을 꺼내던 사람들. 그냥 기억을 기억대로 묻어놓고 살아간다던 사람들. 나는 그간 당신들의 아픔에 얼마나 무심한 시선으로 살아왔던 걸까. 그래서 양심껏 후원할 것을 요구했다. 내가 아니라, 같은 고통을 겪는 사람들의 아픔을 덜 수 있도록 기부처에 후원할 것을 바랐다.

자필로 된 사죄문도 요구했다. 사실 그것을 받는다고 달라지는 건 없다. 여전히 진심이 누락된 공허한 사죄일지도 모른다. 그러나 그러한 진위를 떠나서 적어도 활자를 읽는 동안은 진심이라고 믿고 싶은, 스스로를 위한 위로가 내겐 필요했다. 다른 종이에는 민박집에 보낼 사죄문을 적으라고 했다. 사건 이후, 갈피를 잡지 못하는 나에게 일을 크게 만들지 말고 돈이나 받고 끝내라던 목소리는 한동안 집요하게 괴롭혔다. 그런 주인 댁네에게 내가 포기하지 않았다는 사실을 보여주고 싶었다. 당신네가 틀렸고, 내가 맞았다고.

합의는 한 달 내로 진행되었다. 다시금 여행을 하게 되면서 메마른 나무가 비를 맞고 소생하듯 기운을 내다가도, 지난 기억이 불쑥 떠오를 때면 돌덩이처럼 침잠되곤 했다. 가끔 60대 언저리의 한국인 배낭 여행자를 보면 못 본 척 피해버리기도 했다. 하지만 이 불온한 기억을 결코 잊고 싶지 않았다. 차라리 일어나지 않았으면 좋았을 테지만, 어차피 인생에 만일이라는 것은 없을뿐더러 앞으로도 예기치 않은 고난은 끊임없이 떠오를 것이기 때문이다. 그러니 도리어 죽을 때까지, 이 기억을 짊어지고 싶었다. 수치, 분노, 고독, 두려움, 모든 감정을 기억해내어 안데스산맥의 반 뼘 어치라도 닮을 수 있도록 말이다.

13
야경에 대하여

3월 16일,
매우 맑음

대개 여행지의 야경 - 무슨 무슨 밤 축제나 크리스마스 때 구조물을 전구로 칭칭 감은 거리를 제외한 - 은 의도되지 않는다. 야근하는 이들을 위한 형광등과 거리에 듬성듬성 피어있는 가로등, 간판의 불빛이나 자동차의 헤드라이트 등이 오밀조밀 모여, 제멋대로 불을 켜고 끄는 우연적 행위에 의해 드러난다. 그러니까 야경을 이루기 위해 그 자리에 존재한 것이 아니라, 존재한 것들을 멀리서 보아하니 뜻하지 않게 야경이 되었다는 것이다. 어쩌면 모든 것이 그토록 우연하기 때문에, 여행지에서 마주하는 야경이 매력적으로 느껴지는 걸지도 모른다.

그것을 생각해본 곳은 해발 4,000m 남짓 되는 고산 지대, 남미 볼리비아의 수도 라파즈(Lapaz), 낄리낄리 전망대(Mirado KilliKilli)에서였다. 전망대에서 보이는 광경은 대부분 집이었다. 누군가의 삶의 터전들이 대충 그리고 아무렇게나 모여 있는 곳에서 불빛이 새어 나오고 있었다. 생애 보아온 야경 중 가장 무심하고 우연적이라는 생각이 스쳤다. 그리고 그 묘한 점 때문에 라파즈의 야경이 어느 곳보다 찬란하게 기억되는 걸지도 모르겠다. 그러나 어떤 면에서는,

"낄리낄리 전망대의 야경에서 보이는 마을은 남미에서도 가장 가난한 마을, 빈민촌이래요."

지나가는 시절에 들은 이야기 때문일 것이다. 유달리 광원과의 거리가 가까운 전망대에서는 가만히 보고만 있어도 마을의 모습이 적나라하게 들어온다. 오래된 건물, 드문드문 이 빠진 지붕, 수레 같은 것을 끌고 늦은 귀가를 하는 사람들, 산의 능선을 따라 언덕 위로 굽이굽이 지어진 판잣집을 두 다리로 올라가는 사람들. 자동차는 보기 드물다. 있다면 우리가 타고 왔던 조그마한 승합차 정도. 이따금씩 들리는 경적소리는 배를 곯는 소리처럼 골목의 적막을 뚫고 울리기도 한다. 그리고 난간에 서서 그렇게 바라보고 또 듣고 있다 보면, 저마다의 집에서 흘러나오는 빛은 그저 등이 아니라 가난한 사람들의 꿈이 너울거리는 것처럼 보인다. 배가 부르고 싶은 꿈, 행복에 벅차고 싶은

꿈, 커다란 집으로 이사 가고 싶은 꿈, 아프지 않고 건강하게 삶을 부지하고 싶은 꿈 무엇이든 말이다. 문득 야경의 경광이 밤하늘의 별을 닮은 건가 싶었는데, 나흘간 동행했던 귀영 언니는 다른 말을 꺼냈다.

"와, 다이아몬드 같다."

들고 보니 언니 말이 더 맞았다. 물론 야경은 캄캄한 시각에만 볼 수 있다는 점에서 밤하늘의 천체를 더 닮은 것처럼 보이기도 한다. 하지만 아름다운 보석으로 여겨지는 다이아몬드는 탄소 원자 네 개, 지구상의 어떤 광물보다도 가장 조촐한 조합을 이루고 있다. 근사하게 빛나는 라파즈의 야경도 알고 보니 빈민촌에서 흘러나오는 빛이라고 했다. 그러니까 낭만과 환상, 아름다움이라는 장막에 가려진 초라한 이면이 닮았다고 해야 할까. 서글프지만 그렇다. 그러나 무색투명의 결정체, 다이아몬드는 억겁의 세월을 거쳐 어쨌든 지금은 세상에서 가장 사랑받는 보석이 되었다. 사랑하는 사람과의 영생을 언약하는 증표나 존재의 고귀함을 드러내는 상징이 되기도 했다. 그런 것처럼 저들도 오래도록 다이아몬드를 닮고 닮다 보면, 언젠가 저마다의 꿈을 가장 찬란하게 이룰 수 있지 않을까. 가난할지언정 안온하게, 그리고 행복하게 꿈에 닿을 수 있지 않을까. 나는 그렇게 믿고 싶었다.

바람이 불기 시작했다. 찬 기운이 더 돋아날세라 우리는 언덕에서 내려왔다.

APRIL

S	M	T	W	T	F	S
					1	2
3	4	5	6	7	8	9
10	11	12	13	14	15	16
17	18	19	20	21	22	23
24	25	26	27	28	29	30

● 페루, 이카
    ↓ 리마
      치끌라요

● 에콰도르, 바뇨스
    ↓ 키토

● 콜롬비아, 이피알레스
    ↓ 칼리
      메데진
      보고타

● 쿠바, 아바나
    ↓ 바라데로
      트리니다드
      아바나

14
또, 상실에
대하여

4월 9일,
맑음

그날 버스에서 잠이 오지 않는 이유는 분명했다. 낮 절 동안 페루산 커피를 자그마치 두 잔이나 섭취한 까닭이었다. 몸이 카페인을 거부한다는 사실조차 잊고 벌컥벌컥 마셨으니 정신이 말간 것은 물론, 새벽녘에 화장실이 가고 싶은 것도 당연한 순리였다. 자정을 넘어선 야간 버스 안은 조그만 불빛도 없이 컴컴하기만 했다. 나는 핸드폰 조명을 켜고서야 간신히 화장실에 오갈 수 있었다.

자리로 돌아와 앉은 지 한 시간쯤 지났을까. 잠이 오지 않는 지루함을 달래기 위해 노래라도 들어보려던 참이었다. 가방 속에서 핸드폰을 꺼내려는데, 어쩐 일인지 안에 있는 물건을 모조리 꺼내어도 보이지 않았다. 불현듯 화장실 세면대 위에 올려놓고 왔다는 사실이 떠올랐다. 나는 신발도 제대로 신지 못한 채 당장 화장실로 뛰어가 보았다. 그러나 아무리 새벽이라도 승객이 쉰 명이 넘는 버스 안, 다들 나만큼이나 커피를 마셨던 건지, 물을 마셨던 건지 아니면 배가 아팠던 건지, 화장실을 왕래했던 사람들의 뒤척이는 소리는 어림해보아도 다섯 명은 넘었던 밤이었다. 핸드폰이 고스란히 세면대 위에 존재할 리는 만무했다. 그러나 누군가 가져갔을 거란 확신보다는 덩그러니 놓여있는 핸드폰을 대신 보관해주고 있을 거라는 믿음에 기대어보고 싶었다. 날이 밝으면 누구에게든 물어보려는 생각으로 타지에서 핸드폰을 잃어버린 것치곤 아주 편안히, 잠에 들었다.

해가 떠오르고 차창 밖이 완전히 밝을 때가 되어서야 눈을 떴다. 나는 흔들거리는 버스 안을 걸어 다니며 핸드폰의 행방에 관해 물어보았다. 혹시 어제 새벽, 화장실에 있는 아이폰을 보지 못했는지. 짧은 스페인어로 더듬더듬 물어보는데, 돌아오는 답은 하나같이 모른다는 말이었다. 다만 어느 아주머니가 세면대 위에 놓인 핸드폰을 분명히 보았다는 증언을 전했다. 적어도 누군가 가져간 사실이 확실해진 것이었다. 어젯밤의 믿음은 완전히 어그러졌지만, 인도에서 산 반지를 잃어버렸을 적만큼 슬프거나 상실감이 느껴지진 않았다. 위험하고 또 위험하다던 남미대륙에서 짐을 몽땅 잃어버릴 수도 있다는 각오를 언제나 해왔을뿐더러 물건의 가치에는 경중이 없다고 느껐던, 어느 언니가 해준 말을 여전히 기억하고 있기 때문이다. 게다가 CCTV도 없는 버스 안에서 가져간 물건을 당사자가 실토하지 않는 한 무슨 수로 찾으려나. 그냥 부족한 잠이나 더 자기 위해 자리로 돌아와 앉았다.

그런데 빨간색 머리띠를 정갈하게 쓰고 있던, 아마도 내 또래인 듯한 페루 소녀가 나를 줄곧 힐긋거리는 시선이 느껴졌다. 그녀는 곧 내 쪽으로 다가와 에스파뇰로 무어라 말을 건네 왔다. 서글프게 어그러진 표정만 봐도 대충 나를 도와주고 싶다는 뜻인 성싶었다. 그리고는 제 물건을 잃어버린 사람처럼 동분서주했는데, 정작 나보다도 핸드폰을 절박하게 찾아다녔다. 어플로 위치를 추적하기도 하고, 그 수신을 듣기 위해 기사님께 음악을 꺼달라고 요청하기도, 아이폰 회사에 직접 전화를 해보기도 했다. 급기야 흔들리는 버스 안, 좁다란 복도의 맨 앞 열에 서서 승객들에게 큰 소리로 호소하기 시작했다. 저마다의 시간을 보내고 있던 사람들은 모두 숨을 죽이고 소녀의 말에 주목했다. 나는 그 말을 전부 이해할 수 없었지만, 먼 타국에서 온 이방인의 핸드폰을 찾아주기 위해 짐을 수색하자는 말은 분명하게 들을 수 있었다. 그리고 덧붙여 마지막에 말하기를,

"이 작은 소녀가 부디, 페루에서의 좋은 기억을 안고 갈 수 있도록 합시다."

단상 앞에서 연설하듯 당찬 목소리로 분명 그렇게 말했다. 생전 처음 본 사람의 물건을 되찾기 위해 자기 물건만큼이나, 혹은 그 이상으로 걱정하고 도와주는 사람이 또 있을까. 그런 소녀의 마음에 가슴이 뭉클해지는 것은 당연했다. 버스 안에 있던 페루 승객들도 소녀의 제안에 거부감 없이 동의하는 분위기였다. 그래서 얼떨결에 수색을 하고자 복도 앞으로 걸어가는데, 과할 정도로 덜컹거렸던 버스 안, 포장되지 못한 도로 때문인지, 그게 아니면 이층 버스가 예사롭지 않게 높았던 까닭인지, 몸은 이리저리 휘청였고, 그만 멀미도 나는 것 같았다. 그래서 수색은 고사하고 모자란 잠을 보충하고 싶은 마음이 불쑥 올라오기도 했다. 그러나 소녀의 용기 있는 호의와 승객들의 기꺼운 마음을 내가 어찌 경시한 채 쉴 수 있을까. 수색에 임할 수밖에 없었다. 그들의 가방을 열어볼 때는 조금 미안한 마음에 슬쩍 보고 지나가기도 했는데,

"그렇게 대충 보면 안 돼! 우린 괜찮으니까 구석구석 찾아봐."

도리어 충고를 건네기도 했다. 누군가는 먼저 자신의 신발을 벗어 재끼기도, 자리에서 직접 일어난 후 뒷주머니를 보여주기도 했다. 그러니까 그들은 당사자인 나보다도 잃어버린 물건을 찾는 일에 더 열성적이었다.

물론 핸드폰을 되찾는 기적은 없었다. 약정이 끝나려면 아직 일 년

반이나 남은 핸드폰이며 그 안에 담겨 있던 사진 몇 조각을 순식간에 잃어버린 것이었다. 아깝지 않다고 하면 거짓말일 테다. 그러나 당사자보다도 상실의 상황을 더 안타까워했던 빨간 머리띠 소녀나 승객들의 반응은 아무리 돌이켜보아도 분에 넘쳤다. 그 때문일까. 저녁노을이 내릴 즈음엔 핸드폰을 잃어버린 기억이 조금 덜어지기도 했다. 어쩌면 상실에 대한 동요와 아픔은 스스로 미련을 놓아주는 일뿐만 아니라, 타인이 나를 위해 애써주었던 다정한 시간으로도 덮이고 보듬어지는 게 아닐까. 결국 핸드폰을 되찾는 것이 기적이 아니라, 제값처럼 도와주던 사람들을 만난 오늘이 내게 기적이었을지도 모른다.

15
의심에 대하여

4월 15일,
매우 맑음

"세뇨라, 뚜 디네로, 아끼(아줌마, 당신
돈, 여기요)!"

다급한 찰나였다. 행여나 길 건너편으로
멀어져 가는 아주머니를 놓칠세라, 그 아
주머니의 돈을 감춘 할머니가 도망갈세
라 나는 목청껏 소리를 질렀다. 바람 한
점 불지 않는 적요한 골목, 나다니는 사
람마저 없는 잠잠한 거리에는 나의 고함
만이 세상의 유일한 소리마냥 요동치고
있었다. 곱슬머리를 하나로 옭아맨 아주
머니, 흰 티에 종아리까지 오는 청바지를
입었던 그녀는 내가 서너 번 소리쳤을 때
가 되어서야 비로소 멈춰 섰다. 그때 콜
롬비아 국경도시인 이피알레스(Ipiales)
의 이름 모를 이 거리에 있는 사람이라곤
나, 동행 둘, 그리고 돈을 주워 숨긴 할머
니와 돈을 잃어버린 아주머니, 딱 다섯뿐
이었다.

※※※

할머니가 아주머니의 돈을 주워 가슴팍에 넣는 모습을 목격한 것은 순전히 우연이었다. 처음에는 돈인 줄도 몰랐다. 정체 모를 종이 뭉치를 떨어트리고도 보지 못한 건지, 무심하게 앞서가는 곱슬머리 아주머니의 모습은 쓰레기를 버리는 소행으로 보였고, 또 그것을 대수롭지 않게 가슴팍에 넣는 할머니의 모습은 쓰레기를 줍는 선의의 행동으로 보인 것이다. 다만 남이 버린 물건을 주머니나 쓰레기통이 아닌 옷섶 안쪽에 넣는 모습이 조금 기이하긴 했다. 그래서 유심히 보았고 기억에 남았다.

그리고는 나와 눈이 마주쳤다. 할머니는 씽긋 웃으며 별안간 행선지를 물어왔다. 우리가 그럴듯한 게스트하우스도, 식당도 없는 이피알레스에 들린 이유는 어느 성당을 보기 위해서였다. 반지의 제왕에 나올 법한 성당, 숲속의 오아시스처럼 홀로 덩그러니 놓여있으며, 보통의 지반이 아닌 협곡 사이에 아치형의 다리가 쭉 뻗어 세워진 신비로운 건물. 그곳은 16년도 봄만 해도 가이드북이나 인터넷에 정확한 정보가 나오지 않는 생경한 곳이었다. 그래서 마을에 사는 이들에게 길을 물어보지 않고서는 달리 찾아갈 방법이 없었는데, 할머니가 먼저 길이라도 안내해줄 것처럼 적극적으로 물어보신다니. 우리로선 감사할 일이었다. 나는 핸드폰을 꺼내어 사진을 보여드렸고, 성당의 형상을 쓱 본 할머니는 길을 아는 성싶었다. 정류장까지 직접 데려다줄 테니 따라오라고도 했다. 그리하여 우리는 할머니와 잠시간 동행을 하게 된 것이었다.

얼마 걷지 않아 정류장이 나왔다. 구색을 갖춘 표지판도, 기다리는 이도 한 명 없는 곳이 의아하긴 했지만, 어찌 되었든 우리는 감사하다는 인사를 전했다. 그대로만 헤어졌으면 아름다운 이별이 되었을 참이었는데, 갑자기 건너편에서 휘적휘적 걸어오던 아주머니가 우리를 부르는 것이었다. 어디서 많이 본 듯한 아주머니는,

"내 돈, 내 돈, 못 봤어요? 걷다가 떨어트렸는데."

하고 물어보았다. 세상을 다 잃은 것 같은 허망함, 그러나 어떻게든 찾기 위해 발버둥 치는 절박함이 뒤섞인 얼굴을 아무 도움 없이 바라보고만 있는 것은 조금 괴로운 일이었다. 우리는 보지 못했다 하였고, 할머니도 고개를 저었다. 알겠다는 대답조차 하지 못할 정도로 다급했던 아줌마, 돌아가는 뒷모습을 바라보는데 낯이 익었다. 어디서 봤더라. 기억을 더듬어 보는데, 갑자기 섬광처럼 스쳐 지나가는 장면이 있었다.

거리에서 할머니가 주운 쓰레기를 대수롭지 않게 버렸던 그 아줌마였다. 그러고 보니 그때 땅에 떨어진 종이 뭉치는 쓰레기치곤 구김 없이 정갈하게 말려있었다. 그럼 쓰레기가 아니고 버린 것이 아닐지도 모른다. 그러니까 아주머니가 흘린 것은, 그래서 뒤따른 할머니가 주운 것은 다름 아닌 돈이었을지도 모른다. 순간, 할머니가 옷섶에 감춘 이유를, 나와 눈이 마주치자 느닷없이 말을 건넨 까닭을 알 것도 같았다. 그때 내가 본 것은 돈이 확실했다. 진실을 알려줘야만 했다. 그리하여 나는 멀어지는 아주머니를, 목청껏 불렀던 것이었다.

* * *

할머니는 실랑이 끝에 돈을 돌려주었다. 그리고는 아주머니가 돈을 세어보는 사이 연기처럼 사라졌다. 모든 것이 일단락 정리되는듯했다. 돈이 제 주인을 찾아간 상황을 목격한 것으로 이젠 정말, 아름다운 결말이 되려던 참이었다. 그런데 아주머니는 돌연 우리에게 삿대질을 하기 시작했다. 듣자 하니,

"이거 말고 한 뭉치 더 있어! 너희가 가져갔지! 내놔!"

이번에는 우리들을 의심하는 것이었다. 우리는 상상치도 못한 전개에 넋이 나간 채로 지갑을 보여주며 결백을 증명해야만 했다. 당연히 달러로 된 돈다발을 가지고 있을 리가 없었고, 있더라도 그것은 아주

머니 몫이 아니었다. 그런데 동행 오빠 차례가 되었을 때였다. 비상시 환전하려고 지갑에 몇 조각 끼워둔 달러를 보고 아주머니는 당장이라도 빼앗을 것처럼 달려들었다. 그 돈도 자기 몫이라고 했다. 그제야 정신이 들은 나는 아주머니를 말렸다.

"당신 돈을 찾게 도와줬는데 왜 우리를 의심해요!"

아주머니는 혼이라도 나간 사람처럼 나를 바라보았다. 그리곤 기어코 빼앗은 돈을 도로 지갑에 넣었다. 곧 미안하다거나 고맙다는 말도 없이 홀연히 떠나버렸다. 그녀가 골목을 돌아 완전히 사라졌을 때, 거리를 감돌던 적요한 공기를 뚫고 동행 오빠가 말했다.

"그러니까 네가 왜 나서서 도와줬냐고!"

일주일을 동행하면서 좀체 화를 낸 적이 없던 그가 고함을 쳤다. 갑자기 바람 한 점 없던 골목에 비바람이 몰아치는 것처럼 느껴졌다. 정말 내가 그른 선택을 한 걸까. 승합차를 타고 가는 길 안에서도 그 말이 메아리가 되어 들려왔다. 엄한 돈을 빼앗길 뻔한 조금 전의 일이 억울하다는 것을 나도 안다. 말도 제대로 통하지 않는 머나먼 타지에서 자칫 오해로 위험할 뻔했다는 것도 안다. 호의가 무서운 의심으로 번져버렸다는 것과 의로운 마음이 배신으로 변모된 것, 도와주는 일에 왜라는 의문이 붙어야 하는 통탄한 현실. 모든 사실에 의연

할 수도 없다.

그러나 버젓이 아는 진실을 어째 모른 척하고 넘어갈 수 있을까. 다시 돌이켜도 의심받는 일보다 절박한 이에게 돈을 돌려주는 일이 먼저였다. 어떤 절절한 사연이 있을지 모르는 돈, 얼마나 많은 생을 할애하여 일궈냈을지 모르는 돈. 그렇기에 내가 가담하여 받게 될 손해라든가 이익이라든가, 그 무게를 재며 셈하기엔 당장의 진실이 급했다. 게다가 나 역시 불과 몇 달 전 인도에서 만난 사람들의 호의를 의심으로 갚았던 사람이 아니었는가. 아주머니가 우리에게 왜 그랬는지 조금은 이해할 수 있을 것 같았다. 내가 아주 그른 선택을 한 것이 아니라는 생각도 들었다. 성당에 도착했을 때는 공기가 미묘하게 달라져 있었다. 한결 부드러워진 공기였다.

16
카레에 대하여

4월 25일,
맑고 건조

16년도 오월을 지날 무렵의 쿠바에는 인터넷이 없었다. '와이파이 카드'를 구매하여 인터넷이 허용되는 두 곳, 잉글라테라 호텔(Inglaterra Hotel)과 와이파이공원에서 통신을 연결해볼 수는 있으나 인내심이 고갈될 정도로 느린 속도, 특히 카카오톡은 종일 기다려도 전송되지 않는 경우가 부지기수였다. 게다가 특정 장소까지 직접 가야만 와이파이를 사용할 수 있는 메커니즘은 인터넷 강국에서 살아온 우리에게 여간 귀찮은 일이 아니었다. 그런데 그런 나라를 여행한다니. 과연 소중한 시간을 만족스레 보낼 수 있을까. 답답하고 따분해서 미쳐버리는 것은 아닐지. 그러나 곰곰이 생각해보면, 인간이 탄생한 삼 만 년의 시간 속에서 통신이 지나온 역사는 고작 40여 년 정도이다. 그러니까 인류사라는 기나긴 영화에서 인터넷이 차지하고 있는 그 작은 분량을 보면, 우리의 몸에는 어쩐지 아날로그 세계에서도 잘 견뎌낼 수 있는 DNA가 충분히 자리하고 있을 것도 같다. 핸드폰 대신 옆 사람의 눈을 마주하고, 검색 대신 당신에게 길을 물어보는 것을 화두로 여행지의 인연이 되는 낭만까지 겪으면서. 물론 자주 불편하고 갑갑하기도 하겠지만, 나는 그 모든 부자유스러움이 여행 중의 모험이라는 이름하에 무마될 수 있다고 생각했다.

쿠바에 온 지 사흘이 지났을 때는 카레를 만들어 먹는 모험을 감행하기로 했다. 우리에게는 한국산 오리지널 카레 가루가 있기 때문에 함께 넣을 재료로 간단히 양파, 고기, 쌀을 구입하면 되었다. 마트의 위치는 까사(Casa) - 쿠바에서 여행자 숙소를 지칭하는 말 - 주인 할머니에게 물어보기로 했다. 그러나 그녀는 우리의 질문에 무엇을 살 것인지부터 되물었고, 흰 종이 위에 정체불명의 그림을 그리더니 이건 지도라고 불렀다. 그리고는 품목별로 번호를 매기며 가게의 위치를 알려주는 것이었다.

"아로스 아끼(쌀은 여기), 뽀요 아끼(치킨은 여기), 세보야 아끼(양파는 여기)."

"쎄빠라떼(분리되어 있어요)?"

그녀는 고개를 끄덕였다. 어쩐지 생각보다 더 고된 모험이 될 것 같았다.

먼저 우리의 목표는 양파였다. 양파는 까사 인근 거리에 지천으로 널려있는 노점에서 살 수 있다고 했다. 지도라고 명명해주지 않으면 모를 정도로 단순하게 그려진 길은 생각 외로 찾아가기 쉬웠고, 우리 일행은 까사를 벗어난 지 오 분 만에 도착해버렸다. 듣던 대로 거리에서 상인들이 팔고 있는 품목은 죄다 양파였다. 그러나 양파 스무 개를 한 묶음으로 모아 두고 있었고, 낱개로 살 수 있냐는 질문에는 모두가 단호히 고개를 저었다. 하는 수없이 우리는 다음 골목으로 가야 했다.

이번에는 인상이 가장 좋아 보이는 상인에게 먼저 다가가 보기로 했다. 나는 부드럽지만 조금 딱해 보이는 얼굴로 물어보았다.

"올라! 아저씨, 4개만 살 수 있어요?"

새하얀 이를 드러내며 웃던 아저씨는 양파 4개를 꺼내 들었고, 곧 흔쾌히 건넬 것처럼 보였다. 그러나 조건을 내세웠다. 원래 노점에서 양파를 낱개로 살 순 없다고. 하지만 특별히, 우리가 당신들에게 볼 뽀뽀를 건네면 공짜로 주겠다는 조건이었다. 남미 문화권에서는 처음 보는 사람과도 볼에 입을 맞추는 것이 자연스러운 인사지만, 우리는 그렇지 않다. 첫 만남에 거리를 두고 허리를 숙여 인사하는 모습에서 이미 짐작할 수 있듯, 낯선 이와의 신체 접촉을 좀처럼 선호하지 않는다. 그보다 친근한 인사로 서로의 손을 맞잡는 악수가 있다고는 하나, 그마저도 팔을 뻗을 수 있을 만큼의 먼 거리를 확보해야만 가능하다. 타인에 대한 신체 허용이 지극히 제한적인 것이다. 그러니 당연히 우리도 거부감이 들었다. 게다가 조건을 걸며 한 명만 정하면 된다는 전제는 벌칙 같은 느낌이 들게도 했다. 다들 피하고 싶은 눈치였다. 논의 끝에 가위바위보를 통해 진 사람이, 한 명만 지목하는 것은 조금 잔인할 테니 두 명을 고르기로 했다. 우리는 마치 목숨을 건 사람처럼 가위바위보를 했다. 결국 내기에서 졌던 언니들 덕분에 무사히, 그렇지만 어쩐지 고된 마음으로 양파 넉 개를 얻을 수 있었다.

다음 모험의 목표는 쌀이었다. 할머니의 설명대로라면 거리 양옆으로 오로지 쌀집만 즐비해 있는 '쌀집 거리'에서 살 수 있었다. 그런데 지도에서 일러준 곳을 왔는데도 도통 보이지 않았다. 간판도 없는 정체 모를 집들뿐이었으며, 열린 문 앞에서 기웃거려 봐도 쌀처럼 생긴 형상은 없었던 것이다. 뙤약볕 아래에서 한참을 헤매던 나는 결국 문이 활짝 열려있는 아무 곳에나 들어가서 물어보기로 했다. 그리고 쌀집의 위치를 알게 된 후에는 간판도, 메뉴판도 없지만, 무언가 분주하게 만들고 있는 이곳이 대체 무엇을 파는 가게인지도 물어볼 요량이었다.

"돈데 에스따 아로스(쌀집 어디 있어요)?"

그런데 아저씨의 표정이 황당하다는 듯 어그러지는 것이었다. 그도 그럴 것이 곧바로 들은 대답은 이러했다.

"아끼!(여기야)"

그러니까 황당하게도, 내가 무작정 물어보기로 했던 이곳이 바로 쌀집이었다. 뜨거운 태양 속에서 한참을 헤매며 걸었던 골목이 바로 쌀집 거리였던 것이다. 무엇을 팔고 있는지 간판도 달지 않은 가게들이라니. 우리는 쌀을 한 움큼 받아 가는 내내 허탈하게 웃을 수밖에 없었다.

마지막 미션은 고기였다. 다행히도 고기는 마트에 구비되어 있다고 했다. 이제야 익숙한 방식으로 물건을 구매할 수 있을 거란 기대감을 안고 마트 문을 열었다. 그러나 또 한 번 당황해야 했다. 여느 자본주의 나라에서처럼 선반에 다양하게 진열된 물건 중 원하는 것을 골라 계산대에 가져가는 방법이 아니라, 줄을 먼저 선 후 직원에게 물건을 요구하는 독특한 순서에 따라 고기를 구매할 수 있었다. 테이크아웃 카페에서 커피를 주문하는 방법과 유사하다고 해야 하나. 하필 줄은 딱 하나였는데, 퇴근 시간의 버스를 기다리는 줄인 양 길었다. 인고 끝에 우리 차례가 되었을 때, 직원이 야심 차게 꺼내온 고기의 상태는 별로 신선해 보이지도 않았다. 그래서 고기 대신 통조림에 들어있는 참치를 사게 되었다.

결국 우리는 거리로 나선 지 두 시간 만에야 까사에 돌아올 수 있었다. 몸이 고단해서 양파를 까고 가루를 풀고 그릇에 밥을 담는 손은 굼뜰 수밖에 없었다. 한국에서는 도처에 널린 편의점 혹은 마트에서 단번에 구매한 식재료로 순식간에 만들 수 있는데, 여기서는 반나절이나 걸린다니. 오늘 같은 모험은 익숙하지 않은 것이었다. 게다가 실은 별로 좋아하지도 않는 음식이었다. 어릴 적 할머니가 양푼에 끓여주신 카레를 일주일 내리 먹은 이후로는 좀처럼 제 돈 주고 먹는 일도 없었다. 그것을 위해 이토록 고생했다는 것을 돌이켜보면 애쓴 시간이 무용하게 느껴지기도, 보람 없는 일에 괜한 수고를 들이고 있는 건 아닌지 무언가 달갑지 않은 감정이 들기도 했다.

그러나 밥 한술을 뜨는 순간, 그런 부정의 생각들은 모조리 달아나 버렸다. 아무래도 고생을 한 까닭일까. 여전히 질릴 줄 알았던 이국의 독특한 향을 품은 노란 소스가 달콤하기만 했다. 남김없이 긁어먹을 정도로 달고 달았던 것이다. 이만한 맛이라면 여행 중 하루쯤은 음식 하나 만들기 위해 온종일 떠돌아다니는 모험을 감행할 만하지 않을까. 어쩐지 다음 날부터는 카레를 좋아하게 될지도 모르겠다는 생각마저 들었다. 인터넷이 불통이던 어느 나라에서 고되게 모험했던 기억을 소중한 추억으로 떠올리면서 말이다.

17
살사에 대하여

4월 어느 날,
맑고 건조

저녁나절의 그림자가 길게 늘어지는 시각이 되면, 칠레 아타카마(Atacama)에서는 숙소에 있던 여행자들이 하나둘 거리로 나오곤 했다. 그리고는 가장 캄캄한 곳을 향해 걸어갔다. 생애 언제 다시금 마주하게 될지 모를 남반구의 별을 보기 위해서였다. 마침 마을 어귀로부터 조금 벗어난 곳에는 가로등 하나 없는 공터가 있었다. 다인실의 숙소를 함께 공유했던 우리 일행도 저마다 맥주 한 캔을 쟁여 들고 나가게 되었다. 운 좋게도 이날은 달과 태양의 황경이 같아지는 삭(朔)이었다. 고개를 들고 바라본 창공엔 달그림자가 조금도 보이지 않았다. 우리가 사는 행성으로부터 수 광년 떨어져 있는 천체들이 어떤 날보다 힘차게 빛날 수밖에 없는, 화려한 밤하늘이었다.

그곳에서 나는 살사를 배웠다. 춤을 사

랑해 마지않는 지영 언니의 리드에 맞춰 손바닥으로 먼저 스텝을 익혔고, 곧 스페인어 노래에 맞춰 흙바닥을 두드려보았다. 어딘가 엉성하다가도 관절의 움직임이 조금씩 살사를 닮아가고 있었다. 먼지가 소란하게 나부낄수록 행복해지는 것도 느껴졌다. 그러고 보면 성추행 사건 이후 오늘에 이르기까지 마음이 온전한 적은 단 한 번도 없었는데 행복이라니. 신기하게도 살사를 추는 동안은 온 아픔이 조잡하게 다가올 뿐이었다. 새삼 춤이라는 것이 경이롭게 느껴졌다.

그러나 유난스레 짧게 밟는 스텝이 답답키도 했다. 발을 중심으로 한 뼘 될까 싶은 반경에 동그란 금을 그어놓고, 선 밖으로 나가지 않게 안간힘을 쓰는 것만 같았다. 어째서 이토록 감칠맛 나게 발을 움직여야 하는 걸까. 그 사연을 듣게 된 때는 그로부터 한 달이 훌쩍 지난 뒤였다.

쿠바의 트리니다드(Trinidad)에 있을 때였다. 아바나(Havana)에서 조그만 시골마을까지 달려온 우리는 사탕수수 농장투어를 떠나기 위해 아침부터 서둘렀다. 그리고 곧 좁다란 투어 차에 몸을 싣고 이동하는데, 여행을 떠나온 지 이백일이 넘은 까닭일까. 근래 들어 아무리 새로운 것을 보아도 감복할 줄 몰랐던 나는 투어에 대한 어떠한

설렘도, 감흥도 존재하지 않았다. 게다가 사월 녘의 뜨거운 직사광선
이 차창 문을 뚫고 고스란히 들어오고 있는 중이었다. 곤혹스런 날씨
에 권태기까지 더해져서 투어 시작도 전에 지쳐버릴지도 모르겠다
는 생각이 들었다.

 다행히도 온몸이 방전되기 전에 목적지에 도착했다. 노예들이 모
여 사탕수수를 재배했다는 마을 일대였다. 가이드는 그곳에서 사탕
수수 공정 과정에 대한 설명을 시작으로 노예 감시탑인 마나카이스
나가(Manaca Isnaga)탑과 대부호의 저택까지 차근차근 해설해나갔
다. 그러다 저택 인근에 있는 어느 폐허로 이동했을 때였다. 그곳도
투어의 일부였는지, 끝난 줄로만 알았던 설명이 이어지고 있었다. 도
대체 뚜렷한 형상도 없이 돌멩이만 너저분하게 널려있는 이 황폐한
곳에서 무엇을 말하고 싶은 걸까. 나는 가이드의 말을 건중건중 들으

며 딴청을 피우고 있었다. 하지만 간간이 들리는 '살사'라는 단어에 귀를 기울일 수밖에 없었다.

폐허가 된 곳의 정체는 아프리카에서 온 노예들이 농장 일을 마친 후 잠을 자던 곳이었다. 조그만 숙소에선 수십 명씩 엉겨 붙어 누워야만 했고, 뙤약볕 아래에서 하나둘 죽는 일은 대수롭지 않았다. 그리고 그들의 손과 발에는 늘 쇠사슬이 묶여있었는데, 잠에 드는 순간까지도 결박되어 있었다. 멀리 도망가지 않도록, 영원히 머물도록. 그러나 그토록 참담했던 삶 속에서도 그들은 희망을 꿈꾸었으며 억한 심정을 해소하기 위해 포기하지 않았다. 바로 살사를 추면서 말이다. 가이드는 덧붙여 말했다.

"노예들의 발목이 사슬로 굳게 묶여 있으니까 살사의 스텝은 당연히 짧게 밟을 수밖에 없었다고 해요. 혹시 발이라도 엉켜서 넘어 질까 봐 조심스레 춘 것이었죠."

그래서 다른 춤을 추던 사람이 살사의 스텝을 밟아보면 답답함을 느끼는 것이었다. 내가 아타카마 별 아래에서 느꼈던 감정처럼 말이다. 하지만 더는 살사를 답답한 춤이라 치부할 수 없다. 그러기엔 숨겨진 곡절이 너무나 고귀했다. 그러니까 살사는, 발목의 자유는 막을 지언정 자유를 갈구하는 마음은 막을 수 없는 그들의 의지가 일궈낸 춤이었다. 게다가 그들이 지구상에서, 아마도 인간으로 태어난 이래

겪을 수 있는 가장 비참한 수모를 견뎌낸 방법은 폭력 같은 것이 아니었다. 항의나 미움, 좌절도 아니었다. 춤으로 승화하고자 한 것, 어느 누구도 넘어지거나 다치지 않도록, 가장 아름답고 평화롭게 이겨내고자 한 의지였다. 그토록 거룩한 춤이 아닐 수가 없다.

언젠가 우리네 인생도 서릿발처럼 차가울 때가 있을 거다. 그럴 적이면 나는 목 놓아 우는 대신 살사를 춰보고 싶다. 세상의 삼라만상을 미워하는 대신 거룩한 스텝으로 내 자신을, 그리고 모두의 존엄까지도 지켜내고 싶다.

18
기대에 대하여

얕은 바람조차 불지 않은 건조한 도시, 쿠바 트리니다드에서 시원한 무언가가 간절히 그려지는 것은 당연했다. 마침 현지인들에게 저명한 아이스크림 가게가 있다는 소식을 듣게 되었다. 우리 일행은 투어가 끝나자마자 곧장 그곳으로 달려갔다.

메뉴는 담백하게 세 가지였다. 현지인 맛집에 걸맞게 영어로 된 메뉴판은 보이지 않았고, 전부 스페인어로 적혀있었다. 그런데 좀 생소했다. 남미에 온 지 넉 달이 흐르면서 이젠 일상회화를 구사할 만큼 스페인어의 문장, 특히 음식을 지칭하는 단어들을 익혔는데도, 메뉴판에 적힌 글자는 도무지 익숙하지 않았다. 인터넷에 검색해도 번역되지 않았던 터라 우리는 앞에 있는 쿠바 아주머니에게 물어보았다.

"여기서 제일 인기 있는 메뉴가 뭐예요?"

아주머니는 한 치의 고민도 없이 마지막에 있는 메뉴를 가리켰다. 뒤에 있던 아주머니와 아이들도 맞장구를 쳤다. 가격은 아래로 갈수록 차례로 비싸졌는데, 그들이 골라준 맛이 가장 값비싼 메뉴였다. 역시 가격과 맛은 비례하는 걸까. 모두의 추천을 굳게 믿고 전부 세 번째 메뉴를 시키려고 했지만, 어쩐지 고민도 되었다. 다른 것도 맛있으면 어쩌지. 혹여라도 우리 입맛에 안 맞으면 어쩌지. 메뉴판에 적혀있는 스페인어는 의미를 조금도 유추해볼 수 없는 단어들의 조합이었다. 그래서 현지인의 추천만 오롯이 믿기에는 어쩐지 염려가 되었다.

자고로 여행 중에는 모든 선택을 신중히 하게 되는 법이다. 기왕이면 가장 맛있는 음식을 먹고, 가장 아름다운 곳을 보고 싶다. 여행을 떠나기 전처럼 흘러가는 세월과 타협하여 대충 선택해버리기엔 내가 쏟은 시간과 돈이 아까울뿐더러 투자한 몫에 상응하는 보답을 받고 싶은 까닭인 것이다. 또한, 여행 중에는 오늘이 일회(一回)하다는 생각이 어느 때보다 치열하게 들기 마련이다. 그 순간, 우리는 무엇이든 더 큰 만족감을 얻게 되는 선택을 해야 할 것 같은 의무감이 생겨버리기도 한다.

그래서 이제껏 쏟았던 에너지와는 차원이 다른 신중을 기하여 검색하고, 물어보고, 점검하곤 한다. 물론 주머니가 낙낙한 상태이거나 물가가 싼 곳에서는 고민 없이 모두 고르는 법을 취할 수는 있다. 우리가 놓인 상황은 다행히 후자에 해당했다. 결국 아주머니들의 추천은 참고만 하고, 세 가지 메뉴를 모두 주문해보기로 했다. 부디 그른 선택이 아니길 바라며, 혹여라도 맛이 없으면 가위바위보에서 진 사람에게 몰아주면 된다는 생각과 함께.

주문을 하고 자리에 앉았는데, 보아하니 모두 같은 맛을 먹고 있었다. 분홍색 아이스크림이었다. 아마도 딸기 맛, 아주머니가 추천했던 세 번째 메뉴가 아닐까 싶었다. 유리잔이나 콘이 아니라, 넙적한 스테인리스 그릇에 전시해놓듯 나열된 아이스크림의 형상이 신기해 보이기도 했다. 게다가 본연의 맛을 느낄 수 있게 하려는 의도인지 별다른 데코도 없었다. 그런 쿠바의 아이스크림은 과연 어떤 맛일까. 설레는 마음으로 기다렸고, 주문한 메뉴는 얼마 지나지 않아 나왔다. 그런데 이상했다. 주문한 수에 맞게 세 접시가 나오긴 했는데, 한 접시에는 아이스크림 한 스쿱, 다른 접시에는 세 스쿱, 마지막 접시에는 다섯 스쿱이 담겨 있는 것이었다.

그러니까 메뉴판에 있던 아이스크림은 각기 다른 맛을 의미하는 것이 아니라, 스쿱의 수량을 정하라는 의미였다. 즉, 트리니다드에서 저명한 맛집의 아이스크림은 얼음이 사각사각 씹히는 식감이 독특했던 딸기 맛, 단 하나뿐이었다. 거기다 기대와 달리 '죽기 전에 꼭 먹어봐야 할'이라든가, 쿠바 하면 생각날 정도의 맛도 아니었다. 그냥 날이 무더우니까 먹는 시원하고 달달하며, 식감이 조금 특이한 아이스 크림 정도. 우리는 배를 잡고 웃을 수밖에 없었다. 아무래도 메뉴판 앞에서 한참동안 고뇌했던 모습이 떠올라서였다.

그러고 보면 그렇다. 사람은 저마다 감당할 수 있는 기대의 몫이 정해져 있다. 처음에는 그 몫이 어느 정도인지 조금도 가늠치 못한 채로 살아간다. 무엇이든 많을수록 좋은 줄로만 아는 우리는 그릇에 기대를 마구 담기도 한다. 게다가 기대를 담는 일엔 유형의 대가를 지불하지 않아도 된다. 그래서 양껏 담고 또 담다가 그것이 넘친 줄도 모르는 어느 날, 고대하던 때가 되어서야 자신의 채집이 과했다는 사실을 알게 된다. 끝내 실망을 이기지 못하고 차츰 덜어내 보려고도 하지만, 한편 그런 인생은 어쩐지 불행하다는 것도 알게 된다. 그럼 어떻게 해야 할까. 일단 기대에서 넘친 몫은 실망이라는 것, 우리는 기대보다 실망에 더 취약하다는 것, 두 가지를 알아야 한다. 기대라는 목줄에 끌려 이리저리 휘청이듯 끌려가지 않으려면 말이다. 그리고는 자주 겪어봐야 안다. 애석하게도 마음에는 눈금이 없다. 숱한 시행착오를 겪으면서 자기 몫이 얼마인지, 내가 얼마나 감당할 수 있는 사람인지 몸으로 체득해야만 한다. 다행인지 지난 여행 중에는 그럴 기회가 많았다. 인도의 사막은 사진만큼 그리 찬란하지 못했으며, 만인이 좋아할 거라던 우유니도 소문만큼 감명 깊지 못했다. 여행을 떠나기 전에는 길 위의 매 순간이 설렐 줄 알았으나 그렇지도 않았다. 그렇게 기대와 실망으로 범벅된 날들을 겪다 보니 내가 얼 만큼 기대를 해야 낙담마저 즐길 수 있는지, 조금씩 알게 되었다. 오늘처럼 말이다.

　그런데 고작 아이스크림을 두고 기대가 무슨 이론이라도 되는 양 논하다니. 좀 우습기도 하다. 그래도 아직 스물세 살인 내게, 쿠바의 아이스크림이 기대만큼 맛있냐, 아니냐를 논하는 건 나름대로 중요한 일이었다. 어쨌든 우리는 무난한 맛이라고 투덜거린 것치곤 세 그릇의 아이스크림을 남김없이 삼켰다. 스테인리스에 녹아 붙은 입자를 긁어먹을 정도였다. 가게를 나올 무렵에는 덥지도 갈증이 나지도 않았다. 달달하고 맛있는 아이스크림을 먹은 것처럼 온몸이 가벼웠다. 아마 우리네 마음이 기대에 어그러지지 않은 탓일 거다.

MAY

● 멕시코, 칸쿤

　　↓ 　플라야 델카르멘
　　　 칸쿤
　　　 메리다

● 벨기에, 브뤼셀

● 스페인, 바르셀로나

　　↓ 　발렌시아
　　　 세비야

● 모로코, 탕헤르

　　↓ 쉐프샤우엔
　　　 페즈

19
장사에 대하여

5월 16일,
매우 맑음

'저는 한국에서 온 여행자입니다. 옷을 팝니다. 단돈 50페소(약 3천 원)입니다.'

하루 전에 만든 팻말을 들고 벤치에 철퍼덕 앉았다. 쓱 둘러보니 멕시코 메리다(Merida) 공원에 나온 노점상 중에 여행자는 나뿐인 듯했다. 어제 종일 옷가지를 깨끗이 정리하고, 시내를 돌며 시장 조사도 하고, 거스름돈도 만들고, 또 크레용으로 판넬을 그릴 때만 해도 분명 완판하고 오리라 자신 있게 다짐했는데. 막상 우글거리는 현지인들, 그것도 장사에 노련해 보이는 이들 사이에 앉으려니 온몸이 위축되다 못해 쪼그라들 것 같았다. 그래도 나는 유일한 의류 보따리상이었다. 어느 정도 승산이 있을 거란 생각, 만약 한 장도 팔지 못하면 판넬에 적힌 가격을 찍찍 긋고 'Todo Gratis', 모두에게 무료로 나눠주리라는 포부로 턱 끝을 치켜들었다. 그런데 날이 푹푹 찐 까닭일까. 공원을 다니는 사람은 많지 않았으며, 그나마 지나가는 이들도 내 기척조차 느끼지 못한 채 분주히 밖으로 빠져나갔다. 게다가 나도 먼저 말을 건네 볼 용기가 없었다. 그래서 한 시간이 넘도록 옷은 단 한 벌도 팔리지 않았고, 호기심에라도 옷을 집어 보는 사람마저 없었다. 더위에 폭 지쳤던 나는 보따리를 접고 시원한 음료수를 마신 후에 돌아와야만 했다.

2차전을 개시하기 전엔 터를 옮겨보기로 했다. 통행이 조금 더 잦은 곳이었다. 나무 그늘로부터 많이 멀어진 자리라 적도 언저리의 매서운 태양 빛을 정통으로 마주해야 했지만, 옷을 팔 수 있다면야. 그럭저럭 버틸만했다. 그러나 이번에는 다들 끼니를 챙기러간 건지, 메리다 공원에는 여전히 한산한 바람만 불어왔다. 결국 이 무료한 시간을 달래기 위해 일기장을 폈고, 지나간 기억을 내리 적으며 시간을 때워야 했다. 그렇게 얼마나 흘렀을까. 페이지를 넘기려는 순간, 인근 주민으로 보이는 모녀가 기웃거리며 다가오는 모습이 보였다. 일기장을 부랴부랴 덮은 나는 모깃소리만큼 작은 목청으로 '올라'를 속삭여보다가, 언제나 운명은 나의 사소한 말 한마디에 좌우된다는 생각이 번뜩 떠올라 여행 중 숱하게 마주쳤던 호객 장사꾼에 빙의되어 외쳐보았다.

"솔로 미라르(그냥 보고만 가요)! 보니따(예뻐요)!"

가만히 때가 오길 기다리는 일은 희미한 요행에 불과하다는 것, 그런 기적은 천운을 타고난 사람 혹은 그런 사람마저도 자신의 크고 작은 행동 하나로 기회를 잡는다는 사실도 알고 있었다. 그래서 머뭇거리는 모녀에게 파격적인 가격을 불러 버렸다.

"또도 뜨렌따(모두 30솔이에요)!"

자그마치 40퍼센트나 할인한 가격. 한 장도 팔지 못할 바에야, 헐값에라도 팔아보려는 심산이었다. 모녀는 가격이 마음에 들었는지 오랜 망설임을 접고 지갑에서 돈을 꺼냈다. 그리고는 멜빵바지 한 벌을 가져갔다. 건너편 벤치에 앉아있던 아주머니도 슬그머니 다가와 등산바지를 양옆으로 쭉 늘려본 후 만족스런 미소로 기꺼이 돈을 건네었다. 긴장이 풀림과 동시에 강렬한 햇볕 탓에 지쳤던 나는 또 한 번 보따리를 접고 그늘막에서 휴식을 취하게 되었다.

해가 건물 너머로 아슴아슴 질 무렵에야 3차전을 개시했다. 겨우 두 장을 팔았다고 자신감이 붙은 나는 수줍어하던 모습은 온데간데없이 지나가던 사람들에게 대담히 말을 건네곤 했다. 그러나 날이 어둑해지면서 노점상들도 자리를 접고 있었고, 지나가는 행인은 낮 절보다 조금 더 줄어든 까닭에 한동안 삼삼하게 앉아있었다. 10분만, 딱 10분만 더 기다려보다가 갈 요량으로 있었는데, 멀찍이 유모차를 끈 가족과 눈이 마주쳤다. 나는 방긋 웃으며 내가 장사치로서 할 수 있는 유일한 말인,

"솔로 미라르(그냥 보고가요)!"

라고 자신감 있게 외쳐보았다. 유모차는 내 앞에 멈춰 섰고, 어머니는 좌판에 널려있던 옷을 한 장, 그리고 한 장 더 집어 들더니 거침없이 100페소를 건네었다. 이로써 가져온 옷의 절반을 팔아치운 셈이었다. 완판은 실패했지만 태어난 이래로 처음, 그것도 한국에서 가장 시차가 많이 나는 곳에서 반절을 판 거면 꽤나 소질이 있는 것이 아닐까. 숙소로 돌아가면 어젯밤 내 도전의 결말을 궁금해했던 동행들에게 자랑도 늘어놓고 싶었다. 그런데 기분 좋게 자리를 정돈하고 있을

때였다. 지나가던 이태리 여행객이 나를 보더니, 난데없이 나의 안위를 묻는 말을 던졌다. 도무지 무슨 영문인지 몰랐다. 다시 말해달라는 부탁에 그는 미간을 찌그러트리며 심각하게 말했다.

"너 지금 괜찮냐고 물어봤어. 너 되게 아파 보여."

갑자기 무슨 뚱딴지같은 말일까. 처음에는 신종 시비인 줄 알았지만, 그러기엔 그의 얼굴이 몹시 근엄하고 걱정스러워 보였다. 또 취한 것도 아니었다. 내가 어정쩡하게 괜찮다는 답을 하자, 그는 곧 내 팔을 가리켰다. 고개를 내려 팔을 보았는데, 그만 비명을 지를 뻔했다. 나도 모르는 새 시퍼렇게 멍이 들어 있었다. 이렇게 멍이 들 정도로 부딪힌 기억이 없어서 처음엔 물감이겠거니 싶었지만, 보라색과 초록색으로 흠뻑 물든 팔을 보니 멍이 확실했다. 아마도 그저께 스노클링을 하다가 물속에서 통각 없이 멍이 들었고, 민소매를 입은 오늘에서야 드러나 버린 것 같았다.

그 순간 아차 싶었다. 이렇게나 적나라하게 멍든 팔을 발견하지 못했을 리 없다. 어쩐지 멕시코 유행과는 한참 동떨어진 옷가지들이 잘 팔린다 싶더니. 사이즈가 모호한 옷을 입어보지도 않은 채로 덥석 집어가고, 사람들이 옷보다도 나를 유심히 쳐다본다 했더니. 어쩌면 오늘 옷을 구입한 세 명의 고객들은 멍든 팔로 경비를 보태보려 애쓰는 내가 가엾고 갸륵한 마음에 다가왔던 게 아닐까. 그렇다면 나는 스스

176

로의 영업력에 감탄하며 성취감, 뿌듯함, 그런 감정에 도취하고 있을 때가 아니었다. 그들에게 깊이 감사할 때였다. 숙소로 돌아왔을 때도 동행들에게 자랑을 하는 대신, 잠자코 맥주를 쏘며 하루를 마무리했다. 달달하지만 쓰고, 어딘가 싱겁기도 한 밤이었다.

20

가우디에
대하여

5월 21일,
매우 맑음

사람의 생에는 절절한 사연이 있듯 거리 위의 수많은 건물에도 다양한 곡절이 녹아있기 마련이다. 그 특별한 내력을 모르는 경우, 대개 먼저 알려고 하지 않을뿐더러 자신의 좁은 견지로 으레 이렇다, 저렇다며 겉모습을 예단하기 일쑤이다. 스페인 바르셀로나(Barcelona)의 거장, 가우디(Gaudi)가 지은 건물의 외관을 보자마자 유치한 디자인이라고 단정해버렸던 나처럼 말이다. 생애 처음 마주한 가우디의 건물은 화려한 색채, 동화 속에 나올 법한 귀여운 외형이 참신하게 다가왔지만, 한편으론 허울만 근사한 껍데기처럼 보였다. 독특함을 인정받기 위해 갖은 공을 들인 건물 같다고 해야 하나. 그런데 가우디의 건물이 세계적으로 위대한 작품이라니. 좀처럼 수긍할 수 없었다. 그래서 숙소 코앞에 있는 건축물을 보고도 매번 시큰둥하게 지나치곤 했다.

그러나 내 편협한 시각, 좁은 소견이 번복된 것은 가우디 투어에서였다. 가우디를 사랑해서 스페인에 살게 된 한국인 가이드 언니의 열정도 더해진 까닭일까. 나는 설명을 듣는 내내 줄곧 감탄을 금치 못했다. 가우디가 살아생전 유례없는 디자인을 만드는 데만 천착 되어 있었을 거란 생각, 오로지 독특한 건물을 짓기 위해 고뇌했을 거란 짐작, 모든 것은 크나큰 오해였던 것이다. 스페인에 당도하기 전부터 아물아물 건너들은 바르셀로나의 명소지만 도무지 아름답지 않은 외관이라 생각했던 사그라다 파밀리아(Sagrada Familia) 성당도 실은,

"가우디님이 오직 가난한 사람들을 위해 지은 건물이에요. 가난해서 글을 읽지 못하는 사람들이 성당의 전면만 봐도 성경책의 내용을 이해할 수 있도록 설계했답니다."

그래서 외곽에 조각상이 덕지덕지 붙어있는 것이다. 그러니까 성당 전면의 가장 높은 곳에서부터 가장 낮은 곳 언저리까지, 정체 모를 조각상들이 각자의 자리를 부시런히 차지하고 있는 까닭은 성경 태초의 이야기를 형상화하기 위해서였다. 다음으로 이어지는 설명에도 귀를 쫑긋 기울였다.

"그런데 이 성당은 1883년부터 건축이 시작되었거든요. 지금까지 완공을 하지 못한 이유가 무엇일까요?"

건물 외벽에 세울 조각상을 하나하나 만드는 일이 쉽지 않거나, 전쟁으로 불에 탄 적이 있거나. 어쨌든 그와 같은 사연이 있을 거라고 짐작했다. 하지만,

"그 시절에는 부자들의 투자로 성당을 건축하는 데 필요한 재정을 충당하는 세태가 있었다고 해요. 그런데 투자라는 것은 결국 투자자가 죽었을 때, 안락할 사후를 누릴 수 있도록 성당 지하에 묘를 안치

해달라고 암묵적인 약속을 하는 것과 다름없는 것이잖아요. 그렇게 되어버리면, 이 성당은 결국 가난한 사람들을 위한 성당이 아니게 되어요. 그래서 완공까지 속도가 더딜지라도, 가우디님은 기부를 거부하고 오로지 헌금으로만 성당을 짓게 된 것이었어요."

말하자면 빠른 완공보다도, 가난한 사람들을 위하려던 그의 철학 때문에 더뎌진 것이다. 가우디가 정말 위대한 사람이라고 느낀 것은 다음 대목에서였다.

"뿐만 아니라, 가우디님은 성당을 짓는 인부들에게도 따듯한 사람이었어요. 인부들이 작업에 매진하면서 자식들과 함께 시간을 보내도록 성당 안에 학교를 만들기도 하고, 성당 표면의 붙어있는 수많은 조각상에는 인부들의 얼굴을 새겨 넣기도 했죠. 그래서 가우디님이 전차에 치여서 죽었을 때, 그들은 아주 많이 슬퍼했다고 해요."

결국, 가우디는 건물을 누리는 사람뿐만 아니라 건물을 만드는 사람의 복락까지도 부단히 헤아렸던 건축가였다. 모든 사람, 소외된 사람의 인간다운 삶마저 고뇌해온 것이 그의 생 전부였던 것이다. 기괴하기 짝이 없던 사그라다 파밀리아가 왜 세계적인 건물로 칭송받는지, 어째서 그토록 많은 사람이 그의 작품에 열광하는지, 비로소 이해할 수 있었다.

설명이 끝난 후에는 사그리아 파밀리아 건물 내부로 들어가게 되었다. 성당 안은 숲을 형상화하여 설계되었다고 했다. 여전히 그의 건물을 처음 보았을 때 느꼈던 인상처럼 화려하고 알록달록한 곳이라는 생각이 들었다. 그러나 더는 유치하거나, 시큰둥하게 느껴지지 않았다. 다만 건물 내벽에서 느껴지는 모든 감각이 이상하리만치 안온했다. 사랑하는 심장 소리를 듣는 것만 같은 안락함, 봄볕을 쬐고 앉아 있는 듯한 따듯함이 느껴졌다. 아마 사람을 위한 가우디의 마음이 자재 하나하나에 곱절 스며든 탓일지도 모른다.

그 순간 마음이 먹먹해졌다. 살아생전 가우디의 행색은 초라함 그 자체, 마차에 치였을 때 아무도 위대한 건축가를 알아채지 못할 정도로 볼품이 없었다고 했다. 그런데 그러한 이면을 도무지 상상할 수 없을 만큼 화려하고 따스한 성당이라니. 도대체 성당을 위해 얼마나 열렬한 마음을 바쳤던 걸까. 여생 동안 배고프고 소외된 사람들을 위해 얼마나 오랜 시간을 헌신한 걸까. 곱씹어 볼수록 크나큰 경애심이 들었다. 오래도록 담아두었던 오해를 내려놓고, 사랑하고 존경할 수밖에 없는 마음이었다.

JUNE

S	M	T	W	T	F	S
			1	2	3	4
5	6	7	8	9	10	11
12	13	14	15	16	17	18
19	20	21	22	23	24	25
26	27	28	29	30		

- 모로코, 메르주가
  - 마라케시
  - 에사우이라
  - 마라케시

- 이태리, 밀라노
  - 베네치아
  - 피렌체
  - 로마
  - 밀라노

- 프랑스, 파리
  - 바욘
  - 생장

- 산티아고 순례길

21
고통에 대하여

6월 3일,
맑고 건조

찜질방을 좋아하지 않았다. 맥반석 계란에 식혜를 마시는 낭만은 있되, 온돌방의 뜨겁고 건조한 공기만큼은 정감이 들지 않았다. 숨이 턱 막히는 기분. 언제나 들이쉴 공기의 몫이 턱없이 부족해서 질식될 것만 같았다. 어째서 이토록 고통스러운 곳을 많은 사람이 찾는 걸까. 육십 도가 넘는 한증막 안에서 아무렇지 않게 몸을 지지고 있는 그네들을 보면 나는 평균보다 기도가 좁은 사람이란 생각이 들기도 했다. 어느 순간부터는 가지 않게 되었다.

오래도록 꺼렸던 그곳이 다시금 떠오른 것은 사하라 사막이 있는 모로코의 메르주가(Merjuga)에 도착한 날이었다. 50도가 넘는 기온, 기도를 조여 오는 텁텁함, 온몸의 수분을 앗아가는 열기가 비슷했던 것이다. 얼른 달아나고 싶었다. 그래서 숙소 로비에서 체크인하자마자 후다닥 들어가려는데, 옆 테이블에 있던 한국인에게 건넨 가벼운 인사를 시작으로 한동안 조잘거리게 되었다.

뜻밖에도 그는 나처럼 장기간 타국을 떠도는 세계여행자라고 했다. 두 서달 정도 남미 대륙을 여행한 후 유럽을 넘어 지금의 모로코에 이르게 되었다는 것이다. 이야기를 듣다 보니 공감할 대목과 비슷한 구석이 더러 있는 사람이었다. 유럽이 생각보다 자기랑 맞지 않다는 말에 고개를 끄덕였고, 삼월쯤 남미에 있었다는 말에 나도 그 맘때에 있었다고 맞장구를 쳤으니 말이다. 타지에서 우연히 몇 마디 나눈 여행자가 실은 내가 여행한 나라를 다녀왔으며, 같은 시기에 그 나라 어딘가를 함께 머무르고 있었다는 사실은 이상하리만치 강한 동질감이 들게 했다. 서로 신이 나서 어디를 갔는지, 각자의 동행을 혹여 마주치진 않았는지 물어보았다. 그러다 이어진 질문에 말문이 막혀야 했다.

"있잖아요. 3월에 남미 여행 채팅방에서, 되게 재미있는 일 있지 않았어요?"

직감적으로 그가 무엇을 말할지 알 것 같았다. 3월에 채팅방에서 터진 큰 사건이라곤 딱 하나밖에 없었다.

"왜, 그 남미 부녀 여행하던 어떤 할아버지가 어떤 여자애 성추행했잖아요. 그때 사람들이랑 호스텔에서 맨날 그 얘기밖에 안 했는데."

나는 고통에 깊이 침잠해 있었던 삼 월, 한 달 내내 집요하게 괴롭혔던 기억이 그 당시 그곳의 공기를 마셨던 사람들에게는 커다란 가십거리가 되었다고 했다. 아무리 석 달이 흐른 지금은 기억이 천 리처럼 아득하게 느껴진다 하더라도 지나갔다고 겪지 않은 일이 아닐 터. 씁쓸하지 않을 수가 없었다. 그러나 숨기고 싶지 않았다. 나는 단숨에, 얼굴 하나 구기지 않은 채로 말했다.

"알죠. 그런데 그 당사자 누군지 알아요? 바로 저예요."

생각지도 못한 답에 당황한 건지 아니면 이 상황이 상당히 어이없다고 느낀 건지, 아마도 복합적이었을 테지만 그는 별안간 박장대소를 했다. 타인의 고통을 겪어 보지 못한 이에게는 이렇게나 아픔이 가벼운 것일까. 구겨진 종잇조각처럼, 밟으면 폭삭 바스러지는 낙엽잎처럼 가벼운 것만 같다. 물론 그는 곧 웃어서 미안하다는 말을 건넸다. 나는 쓴웃음으로 화답을 했지만, 더 이상 우리 사이에 오가는 대화는 없었다. 사막의 마른 공기에 숨이 턱 막혀오는 듯했다. 그러나 들어가고 싶은 생각은 없었다. 한동안 짐도 풀지 않은 채 로비 의자에 앉아 있었다. 간혹 바람이 불었고 모래 자락이 실려 왔으며, 더불어 긴 여행을 떠나 사막에 이르기까지 켜켜이 쌓아온 생각도 함께 몰려왔다.

언제 적일까. 고통은 감당할 수 있을 때 세상 밖으로 꺼내야 하며, 그럴 수 없으면 두꺼비 집을 만들 듯 차갑고 바슬 거리는 흙으로 묻어둔 채 살아야 한다고 생각하던 때가 있다. 어설프게 견뎌낼 바에야 모조리 잊고 사는 게 낫다고 생각한 것이다. 그러나 여행을 떠나기로 한 후 이런저런 비탄한 일들을 겪으며 지금의 이른 마음의 결은 전과 조금 달라졌고, 보다 명확해지기도 했다.

그러니까 고통스러운 일은 수어 번 마주하고, 곱씹어 보고, 곪아서 터질 때까지 부딪혀야 한다는 것이었다. 틀린 문제를 보지 않고 넘어가면 또 틀리고, 아픈 몸을 고치지 않고 두어두면 더 아픈 것처럼 마음의 고통도 그러했다. 지금 부딪히지 않고 외면하면, 내일 더 산산이 조각나는 법이었다. 게다가 고통을 마주해보지 않고서는 내가 여전히 아픈지, 혹은 조금 괜찮아졌는지, 도무지 종잡을 수도 없다. 그래서 바라봐야만 한다. 그러면 다시금 모양과 형태가 비슷한 고통이 다가왔을 때, 아프지 않게 긁히는 법을 조금씩 터득하게 된다.

아픔은 필경 다른 사람의 고통도 이해할 수 있게 한다. 성범죄엔 도통 무심했던 내가 남의 아픔에 조금씩 귀를 기울이게 된 것처럼 말이다. 결국 고통은 본디 이기적인 인간이 타인의 아픔에 공감하고, 인간다움을 잃지 않은 채 살아가라고 내려준 보루 같은 것이 아닐까.

남의 아픔을 함부로 가벼이 하지도, 괄시하지도, 동정하지도 말라고.

어쨌든 그래서 모른 체하지 않고, 단숨에 인정을 했다. 마음이 조금 따끔거리기도 했지만, 산티아고에서부터 아타카마를 지나 오늘에 이르기까지, 숱하게 마주하려고 애쓴 까닭인지 별다른 동요를 느끼지 않았다.

그날 밤에는 처음 만난 사람들과 호스텔 수영장 앞에 옹기종기 모여 앉았다. 그리고는 사막의 별을 안주 삼아 내가 남미에서 겪은 이야기를 들려줬다. 연민을 바란 것도 아니고, 같이 분개해달라고 공감을 바란 것도 아니었다. 다만 겪은 일에 당당하고 싶었고, 누구나 조심하라는 당부를 하고 싶었다. 이야기의 끝 무렵에는 묘하게도 사하라의 무더운 공기가 탁하게 느껴지지 않았다. 후덥지근하게 숨 막혔던 고통의 감각, 사하라의 열기마저 조금은 무디어진 것 같았다.

22
화해에 대하여

"200디르함(Dirham: 모로코의 화폐 단위)이라고. 140디르함 더 줘야 해."

가격을 듣는 순간 어안이 벙벙해졌다. 모로코, 마라케시(Marrakesh)의 야시장 한바닥. 장사치들의 질깃질깃한 호객행위와 세상만사가 격렬하게 아우성치는 듯한 소리로 시끄럽고 또 시끄러운 곳. 그래서 소음에 뒤섞여 잘못 들은 성싶었는데, 되물어보아도 청년은 200디르함을 요구해왔다. 분명 한 시각 전만 해도 60디르함이라고 했다. 악명 높은 소문대로 혹여나 사기라도 칠까 봐 주문 후에 재차 확인까지 했고, 그때도 틀림없이 60디르함이라고 했다. 그런데 계산하는 순간 1인당 가격에 부가세가 붙은 요금으로 변모되어버리는 요술이 어디 있단 말인가. 나는 현실을 부정이라도 하듯 몇 번이고 본래의 상황을 열심히 설명했으나, 청년은 영어를 못 하는 건지 혹은 못 하는 체를 하는 건지. 알아들을 수 없는 아랍어를 쓰며 모조리 무시하기에 이르렀다.

기어코 사장을 불러 달라고 했다. 파란 체크무늬 남방을 걸치고 있던 사내가 귀찮은 듯 우리 테이블로 건너왔다. 나는 청년에게 했던 말을 되감기 하듯 다시 설명했다. 분명 가게를 들어올 적만 해도 문드러지는 미소로 우리를 반겼던 사람, 그에게 어떤 합리적 대처를 바랐던 것일지도 모르겠다. 적어도 오해에 대한 사과를 받을 수 있을 거라고 기대했다. 그러나 사장은 내 말을 지그시 듣더니, 짧고 명료한 대답으로 나를 넉 아웃시켰다.

"GET OUT(꺼져)."

그는 돈은 필요 없다는 말도 덧붙였다. 같이 있던 일행들은 이대로 자리를 뜨자고 했지만, 무슨 오기가 발동한 건지 모르겠다. 돌아서는 사장의 옷깃을 덥석 붙잡았다. 140디르함, 즉 한국 돈 만 오천 원 때문에 굴복하고 싶지 않았다. 그래서 반드시 사과를 받고야 말겠다는 일념으로 붙잡은 것이었다. 그 순간 열 명 남짓한 노점 가게의 직원들이 나를 주목해왔다. 그중 한 직원은 사장의 오른팔이라도 된 것 마냥 내 시야에서 그 앞을 막아서기까지 했다. 나는 아랑곳하지 않고 당신네의 행동이 얼마나 방자했는지, 거짓말을 한 직원의 행동에 대해 어째서 추호의 사과도 하지 않는지 조목조목 설명하려 했다. 그러나 그들은 조금도 들으려 하지 않았다. 오른팔은 도리어 눈을 부라리며 욕인지 무엇인지 모를 아랍어를 내뱉기 바빴다. 서로가 신경질적인 목소리로 패악을 부리는 동안 싸움은 삽시간에 커졌고, 그들은 급기야 동영상을 찍으려던 내 핸드폰도 빼앗아 가버렸다. 폭력만 없었을 뿐이지 노점상은 그야말로 아수라장. 도망치기엔 얄팍한 자존심이 허락하지 않았고 이미 늦기도 늦은 상황이었다. 그렇다면 경찰에 신고라도 해야 할까. 고민하던 찰나, 머릿속에 불쑥 떠오른 생각에 맥이 빠지는 걸 느꼈다.

이미 눈도 귀도 닫은 사람들에게 고래고래 소리 지른들 무슨 소용인가. 괜한 만용을 부리는 건 아닌지, 먼 타국에서 자존심 때문에 스스로를 위험에 빠트리는 건 아닌지, 혹은 사과를 하라 떼쓰지 말고, 내가 먼저 마음을 내어주고 한발 물러서야 하는 것은 아닌지 생각해 보았다. 나는 한동안 멈춘 채 움직이지 않았고, 그토록 시끄럽던 시장 바닥 속에서 밥을 먹던 모로칸과 여행객들이 숨죽이고 나를 바라보고 있는 시선이 느껴졌다. 곧 목을 가다듬었다. 그리고는 한층 누그러진 목소리로 말했다.

"Friend, 진정해. 나는 돈을 지불하지 않겠다는 말이 아니야. 우리는

194

밥을 먹었으니까 내는 게 맞아. 그런데 아까 저 청년과 나의 의사소통에 문제가 있었던 것은 확실해. 거짓말이든 아니든, 우리 세 명이 다 그렇게 들었으니까 분명 청년에게 어떤 실수가 있었던 거야. 그러니까 실수에 대해서는 나에게 사과를 해줘. 너네는 프로고 나는 손님이잖아. 그럼 나도 사과를 할게."

악수를 청하는 손도 내밀었다. 손끝이 조금 떨리는 것이 느껴졌다. 그들이 험상궂은 말로 내 손조차 뿌리치면 어쩌지. 그러나 말을 마치기가 무섭게, 오른팔과 그를 둘러싼 모든 점원은 과한 환호와 함께 연신 사과를 건네었다. 사장 자신도 미안하다며 사과의 의미로 커다란 물 두병을 쟁여주었다. 그리고는 돌연 내 손목을 잡고 음식을 조리하는 단상으로 데려갔다. 공연을 하는 작은 스테이지처럼 노점 한가운데 우뚝 솟아있었는데, 내가 올라가자마자 모든 직원이 함께 화해의 노래를 불러주기 시작했다. 또 팔다리를 흔들며 춤을 추기도 했다. 불과 오 분 전까지만 해도 핸드폰을 빼앗으며, 침을 튀기며, 눈을 부라리며, 험한 욕을 내뱉던 그들이었는데 순식간에 이렇게 경계를 풀 줄이야. 웃어야 할지 말아야 할지 아무튼 모호하고 떨떠름한 얼굴로 그들과 함께 춤을 추었다.

사장에게 받은 물병을 어깨에 이고 돌아가는 밤, 문득 나는 오늘 자기감정에 대단히 충실한 사람들을 만났다는 생각이 들었다. 화를 내다가도 금방 웃으며 사과를 건네는 모습이라니. 보통은 누군가와 다

툴 때, 그러다 돌연 본인이 잘못되었다는 사실을 알게 되었을 때, 민망해서라도 도리어 더 성을 내거나 어물쩍 넘어가 버리지 않던가. 그러나 그들은 그렇지 않았다. 곧 인정하고 순식간에 사과했다. 아이같이 천진하게 웃었다. 거듭 떠올려 보아도 적응이 되지는 않았지만, 돌아가는 길이 결코 기분 나쁘거나 받은 물병이 딱히 무겁지는 않았다.

　다만 조금 닮고 싶었다. 자기감정을 그렇게나 빠르게 털어버릴 수 있다는 것. 기꺼이 잘못을 시인하고 사과를 건넬 수 있는 것. 불필요한 오해와 싸움을 불식시키기 위해 가장 필요한 자세이니까. 그러나 해가 갈수록 주저하게 된다. 잘못을 시인하게 되는 순간, 나를 지탱해주는 능력치 하나를 잃어버리기라도 한 것처럼 두려워한다. 애꿎은 자존심을 버리지 못하고 빡빡 우기다가 결국 상대와 돌이킬 수 없는 강을 건너버리는 것이다. 그렇게 해서 겉으로 드러난 자존심은 지켜낼지라도 헐벗은 양심을, 사람간의 도리를 과연 지켜낼 수 있을까. 아니다. 찾을 수도 없는 심연으로 빠져버린다. 나는 그런 삶은 살고 싶지 않다. 그러니까 이다음엔 내가 먼저 인정하고, 아이처럼 천진한 미소로 화해의 춤을 추자고 말하고 싶다.

23
가을에 대하여

봄을 좋아했다. 벚꽃이 피어 세상천지가 잘 익은 복숭아처럼 물들던 계절을 가장 좋아했다. 얇은 옷 한 장만 입어도 덥지도 춥지도 않으며, 숨 쉬는 모든 것들이 아프지 않도록 따듯하게 비추는 봄 녘의 온도를 사랑했다. 진노란 개나리, 하얀 목련, 선홍빛 철쭉의 꽃잎이 숫제 여무는, 그 계절 채색이 화려한 거리도 늘 그리워했다.

그러나 언제부턴가 봄보다 가을을 좋아하게 되었다. 가을은 황량한 계절이라며 기피하던 때도 분명 있었다. 지면에 피어난 생명체가 고갈되는 겨울보다 가을이 더 외롭고 적적하게 느껴졌다. 사랑하는 사람이 떠나간 후보다 떠나가는 과정에서 더 마음을 졸이게 되는 것처럼, 생명의 불씨가 꺼져버린 잠잠한 사후보다 고통에 몸부림치는 육신이 더 괴로운 것처럼, 죽어가는 과정이 더 애달플 거라 생각했다. 하지만 나는 가을의 그런 모습을 좋아하게 되었다. 어차피 만물은 영생하지 못하는 것, 가을처럼 소탈히 져야만 한다는 사실을 깨달았기 때문일까. 낙엽이 질 때면 알록달록하게 품었던 욕심을 내려놓는 모습이 아름답게 느껴졌다. 그리고 언젠가 화려한 껍질을 가지기 위해 부단히 노력했던 내 모습에 모멸감을 느꼈을 때, 껍데기가 초라할지언정 가을의 그런 모습을 닮아가고 싶다고도 생각했다.

기나긴 여행길 위에서, 하고많은 길흉화복을 겪다 보면 가을 같은 사람이 될 거라 믿어왔다. 그런데 사람의 다짐은 항상 용수철과도 같다. 언제나 새해가 되면 호기롭게 적어 내린 팽팽한 다짐들이 시간이 흐를수록 원래 모습으로 속절없이 돌아가 버리듯이, 나도 본래 봄의 화려함을 좇는 사람으로 회귀하고 있었다.

여행을 떠난 지 9개월이 되었을 때는 초라하게 변해버린 마음을 거울 보듯 마주하게 된 일이 있었다. 그날은 일전에 동행했던 이가 보내준 사진에 이끌려오게 된 이탈리아 피렌체(Firenze)를 떠나는 마지막 날이었다. 배낭을 미리 싸두려고 부스럭거리는데, 동갑내기의 민박 사장이었던 성진이가 불쑥 세계여행자를 대상으로 한 프로젝트에 동참해줄 것을 제안해왔다. 그는 지금까지 밟아온 여행에 대한 인터뷰라고 했다. 가벼운 경험을 나누는 것에 불과할 거란 짐작과 달리, 눈물이 핑 돌 정도로 진지한 질문이 오고 갔다. 여행을 왜 떠났는지, 언제 가장 행복하고 불행했는지, 무엇을 배웠는지. 잠시간 숙고

해야만 답이 나오는 질문들이었다. 질문에 답할 때마다 거울에 쌓인 먼지를 닦듯, 미처 몰랐던 내 몰골을 바라볼 수 있었다. 그리고 인터뷰가 끝났을 즈음 완연히 드러난 내 모습은 정말 형편없어 보였다. 내가 가을이 되려 했던 마음을 잊고, 타인의 시선을 의식하는 사람, 봄의 화려함에 목마른 존재, 그리고 허영심에 물든 여행자가 되어 있었기 때문이다.

그 순간 여행을 중단해야겠다는 생각이 들었다. 여행 도중 돈을 벌어 아프리카까지 여행을 이어가겠다는 포부, 혹은 돈이 없는 대로 남들은 잘 모르는 흔치 않은 여행지에 가서 공기만 마시고 오자는 아물아물한 계획. 전부 구겨버리기로 했다. 그리곤 막연하게만 생각했던, 그러나 이번 여행에서 밟게 되리라곤 조금도 상상하지 못했던 곳에 가야겠다는 생각이 들었다. 순례길이었다. 800Km에 이른다는 스페인 산티아고(Santiago)의 길을 걸어보고 싶었다. 머나먼 거리를 걷다 보면 조금씩 하찮은 마음을 떨쳐버릴 수도 있을 것 같았다.

인터뷰가 끝났던 밤에는 이집트행 비행기표를 취소해버렸다. 그리고는 순례길 초입에 이르는 길목인 파리로 떠날 준비를 했다. 곧 다가올 여행의 종말이 봄이 아닌 가을처럼, 표표하게 저물 수 있도록.

24
좋은 사람에
대하여

석양에 붉게 그을린 에펠탑을 함께 바라
보았던 그 밤에 어쩌다 여행을 하게 되었
느냐는 질문을 받았다. 좀처럼 대답할 수
가 없었다. '좋은 사람이 되고 싶어서요.'
라는 대답을 하기엔 내가 부끄러울 만큼,
함께 있는 사람들이 좋은 사람들이었던
까닭이었다.

* * *

용선 오빠를 만난 것은 새벽녘 파리 공
항에서였다. 밀라노에서 일출과 함께 떠
오른 파리행 비행기에 한국인이 타고 있
었다는 사실은 어지간히 반가운 일이었
다. 한동안 수화물이 나오지 않아 기다림
에 지쳤던 우리는 "한국인이세요?"라는
여행 공용어를 서두로, 여행을 오게 된 히
스토리부터 현생의 삶까지 낱낱이 주고
받게 되었다.

첫 만남부터 나를 친동생처럼 챙기려 했던 용선 오빠는 선뜻 당신의 호스텔에 내 배낭도 잠시 맡아 주기로 했다. 카우치 서핑 호스트와 만나기로 한 늦저녁이 될 때까지, 공항에서 단잠을 자며 기다리려던 내겐 뜻밖의 일이었다. 그리고는 에펠탑을 함께 보러 가게 되었다. 먹구름이 심해처럼 적요하게 깔린 파리의 하늘은 금방이라도 비를 쏟아낼 것처럼 보였다. 그런 꿉꿉한 공기 속에서 우리는 한참을 걸었고, 그가 잠시 물을 사러 노점에 갔을 때였다. 기다리는 동안 에펠탑의 전경을 둘러보던 나는 야바위꾼들과 우연히 눈을 마주치게 되었다. 그러자 순식간에 기묘한 일이 발생했다. 여섯 명 남짓한 패거리의 득달 같은 성화에 내가 혼이라도 빼앗긴 사람마냥 다가간 것이었다. 컵을 골랐고, 지갑에서 50유로를 꺼냈고, 그들에게 건네어 버렸다. 당연하게도 내가 고른 컵에는 공이 없었다. 머리가 새하얘졌다. 용선 오빠가 돌아올 즈음이 되어서야 정신이 퍼뜩 들었지만, 상황은 이미 종료된 후였다. 아, 내 돈! 그 순간 파리 하늘에 먹먹하게 끼어있는 구름이 얼마나 멍청하고 원통하게 보이던지.

하지만 사라진 50유로보다 더 서러운 것은 어처구니없는 내 소행이었다. 여행한 지 9개월이 넘도록 갖은 경험을 켜켜이 쌓아왔던 내가 어째서 그런 어리석은 선택을 하게 된 걸까. 카지노에 갔을 때도 도박은 싫다며 푼돈 한 번 걸지 않았던 사람, 게임 내기로 커피를 사는 일도 꺼려하던 구두쇠가 이제 와서 혹해버린다니. 게다가 사기라는 사실도 알고 있었다. 파리 야바위꾼에게 몇백 유로를 바쳤다는 어느 여행자의 사담과 충고를 여전히 기억하고 있었기 때문이다. 그렇다면 너무나 절박했다고밖에 생각할 수가 없다. 수중에 남은 경비로는 순례길을 걷기는커녕 한국으로 돌아갈 수 있을지조차 모호한 상태, 그 결핍과 부재가 결국 요행을 쫓게 만든 것이 분명했다. 이성으로는 도저히 따라갈 수 없을 만큼, 판단 능력을 아슴아슴 흩트려 놓으면서 말이다.

용선 오빠에게는 고장 난 기계처럼 괜찮다는 말을 거듭했지만, 입꼬리에 경련이 이는 것 같았다. 그토록 아름답다던 에펠탑, 지구상에서 가장 낭만적이라는 파리의 상징물은 사실 착공 당시 흉물스러운 형상이라며 배척받았다고도 하던데, 그 시절의 감상에 동감하고 싶은 심정이었다. 다음 날이 되어도 돈을 멍청하게 잃은 기억이 파노라마처럼 스쳐 지나갔다. 돈 주고도 살 수 없는 경험을 했다는 결론으로 위로하려 했지만, 가슴 속에는 여전히 먹먹한 어떤 것이 존재했다.

하늘은 여전히 대낮처럼 청청히 맑았던 저녁이었다. 용선 오빠는 난데없이 파리 세느(Seine)강 위에서 에펠탑 일대를 유람하는 바토무슈(Bateau-mouche)를 타자고 했다. 뱃값을 헤아려보니 내 소비수준으로는 파리에 사흘을 머물고도 남을 금액이었다. 나는 별로 타

고 싶지 않다는 핑계로 손사래를 쳤다. 그러나 그는 세상을 잃은 사람 같았던 어제의 내 표정을 본 사람으로서, 유람선 티켓 한 장을 선물해주지 않을 수가 없다고 말했다. 혹여나 내가 민망하거나 부담스러워할까 봐,

"다연아, 표 값은 지금 너한테 저금한 거야. 한국에서 다시 만났을 때, 맛있는 음식을 대접하는 걸로 빼어내면 돼."

라고 말하기도 했다. 이토록 다정다감한 배려에 어찌하여 가지 않겠다고 억지를 부릴 수 있겠는가. 결국 함께 선착장으로 이동하게 되었다. 그때 바트무슈 위에서 여름치고는 차가운 밤바람이 불어왔던 것이 기억난다. 그러나 반팔 한 장으로도 그럭저럭 버틸만했던 것, 그리고 에펠탑의 야경이 조금은 아름답게 느껴진 것은 그가 건넨 배려에 마음이 따듯해졌던 까닭일 테다.

그날 이후로는 사흘간 용선 오빠, 그리고 바트무슈 위에서 만난 한국인 수영 언니와 함께 파리를 여행하게 되었다. 그들은 돈 씀씀이가 수월찮은 나를 배려해서 지하철을 타고 편히 이동할 수 있는 거리도 한참을 걸어 이동하였다. 늦은 밤이면 아무리 거절을 해도 도심에서 멀리 떨어진 내 숙소까지 데려다주곤 했다. 회식 중이던 카우치서핑 호스트와 자정이 넘도록 연락이 되지 않던 날, 그런데 하필 아침에 급히 먹은 빵 때문에 배가 쑤셔서 시름시름 앓던 날에는 수영 언니가 나를 당신의 숙소에서 기꺼이 재워주었다. 이제 알게 된 지 겨우 이틀이 된, 이름밖에 모르는 나에게 그녀는 잠옷과 씻고 바를 로션도, 무엇이든 건넸다. 나는 그날 밤, 나어린 다른 동생에게 당신 같은 사람이 되리라는 생각과 함께 깊은 잠에 들었다.

파리를 떠나던 날. 그러니까 그들은 베르사유 궁전을 보러 가고, 나는 곧 순례길로 떠나기 위해 에펠탑 앞에서 버스를 기다리던 늦저녁이었다. 열 시가 되어서야 해가 너울너울 넘어가던 한여름의 파리는 여전히 밝기만 했다. 문득 일행들과 제대로 된 인사도 나누지 못한 채 헤어질지도 모르겠다는 생각이 밀려왔다. 분명 오늘 저녁쯤, 에 펠탑 앞에서 다시 보자는 약속은 했다. 그러나 정확히 몇 시인지, 광 활한 에펠탑 공원, 수많은 인파 속에서 어디서 볼지를 정하지는 못했 다. 게다가 문자도 보낼 수 없는 공기계 핸드폰을 들고 있던 나는 아 무런 연락도 할 수 없었다. 해가 지평선 너머로 잠식될 때까지만 기 다리려는 요량으로 그저 에펠탑 앞에 있어 보기로 했다. 얼마나 시간 이 지났을까. 노을이 보랏빛으로 물들었을 때, 멀찍이서 익숙한 얼굴 이 보이기 시작했다. 용선 오빠와 수영 언니였다. 그들은 만나자마자 내게 무언가를 건넸다. 몸에 바르는 파스였다. 순례길을 걷는 동안, 다리가 아플 때마다 바르면 시원할 거라고 했다. 선물을 사느라 조금 늦었다는 말도 덧붙였다.

에펠탑 앞에서 터미널까지 가는 버스가 오늘은 운영하지 않는다는 사실을 알게 되었을 때, 그들은 그 먼 길도 함께 걸어가 주겠다고 했 다. 시간이 얼마 남지 않아 뛰어야 할 때도 기꺼이 뛰었다. 그러니까 그들은 내가 파리에 도착한 날부터 떠나는 순간까지 이렇게 쭉 함께 기다려줬고, 가주었고, 나를 찾아주었고, 아픈 나를 다독여주었고, 똑 반을, 그 이상을 나누어주고 있었다.

먹먹한 인사를 건네고 버스를 타기 전, 정류장 너머로 자그마하게 보였던 에펠탑은 더 이상 흉물스럽게 보이지 않았다. 도착하자마자 낭패를 겪었던 기억을 초월할 만큼 아름다워 보였다. 결국 나쁜 기억은 좋은 사람으로 덮이고, 좋은 추억에 질식되어 차츰 잊히는 것이 아닐까. 그러니까 통곡에서 벗어나는 방법은 아무래도 사랑이 아닐까. 연인 간의 사랑, 가족 간, 친구 간의 사랑만이 아니다. 그저 사람이 사람을 아끼는 마음이면 되었다. 곧 버스가 출발했다. 차창 밖의 하늘은 그새 어두워졌다. 밤이었다. 너무 따스해서 애달프기까지 했던 파리의 마지막 밤이었다.

JULY

S	M	T	W	T	F	S
					1	2
3	4	5	6	7	8	9
10	11	12	13	14	15	16
17	18	19	20	21	22	23
24	25	26	27	28	29	30
31						

● 산티아고 순례길

↓ 레온
콤포스텔라

● 스페인. 마드리드

25
순례길에
대하여

7월 어느 날,
맑거나 흐리거나

걷기에는 지나치게 더운 여름이었다. 7월의 순례길, '까미노(Camino)'라고도 불리는 이 길은 바닥에서 피어오르는 아지랑이가 눈에 보일 만큼 무더웠지만, 간혹 미지근한 바람이 불어왔으며 이따금씩 보이는 강물은 가을 하늘을 닮곤 했다. 노란 밀알이 옹골지게 모여 지평선을 메운 길이 지겨우리만치 나타나도 여전히 아름다운 곳이었다.

그런 순례길의 광경에 감탄하며 맞장구를 칠 수 있는 동료는 보통 둘 아니면 넷, 많게는 열 명이 되기도 했다. 그들과 함께 발을 맞춰 걷다가, 쉬다가, 다시 걸으며 저녁 메뉴에 대한 신중한 토론을 주고받다 보면 금세 마을이 보였다. 그때가 보통 열한 시에서 열두 시, 그림자가 가장 짧아질 즈음이었다.

알베르게(Albergue: 순례자 숙소)의 문은 아직 굳게 닫힌 시각. 도착한 순서대로 문 앞에 배낭을 쭈르륵 세워놓은 후, 나는 대개 모자란 잠을 잤다. 배낭을 베개 삼아 돌바닥에 누워 들 바람에 잠드는데, 그만한 단잠이 또 있을 수가 없다. 그러다 문이 열릴 때쯤, 어깨를 흔들어 대는 손길에 눈을 슬며시 떴다. 오늘 아침으로 바게트를 나눠 먹은 사람들이었다. 찌뿌둥한 몸을 겨우 일으키며, 그들과 함께 알베르게로 들어갔다.

보통은 짐을 풀 새도 없이 부엌으로 달려갔다. 굶주린 배를 달래기 위해서였다. 메뉴는 파스타나 볶음밥과 같은 간단한 요리. 어제 남은 재료로 휘적휘적 만들어 먹곤 했다. 가위바위보로 설거지를 하고, 묵은 땀을 씻겨내고, 샤워 물로 빨래한 옷가지들을 널어 둘쯤이면 나른한 감각이 느껴졌다. 그러면 낮잠을 자야 했다. 간혹 팜플로나(Pamplona), 부르고스(Burgos), 레온(Leon)같은 대도시에 도착하면 얼굴을 치장하고 나서기도 했다.

잠이 오지 않는 날도 더러 있다. 그럴 때면 일기장을 펴고 길 위에서 무슨 일을 겪었는지, 무엇을 헤아려봤는지, 기억을 더듬어보았다. 오늘은 모자란 마음에 새살이 돋았으려나, 조금은 가을을 닮은 사람

이 되었으려나. 그런데 아무리 곱씹어봐도 머릿속에 늘 남는 것은 몸이 고단하단 생각뿐이었다. 부어오른 발등, 동전만큼 부푼 물집, 벌써부터 오십견이 우려되는 어깨의 통증이나 무릎 관절의 묘한 변화에 대한 걱정 등등. 다만 다행인 점은 발을 맞춘 동료들이 서로가 자기의 몸이라도 되는 양 안부를 묻고, 파스를 뿌려주며, 서로의 완치를 기원해주었다는 점이다. 그러고 나면 이상하게도 내일은 아프지 않을 것만 같았다.

창문 너머로 해가 지는 모습이 보이면, 저녁 장을 보러 촐랑촐랑 나서곤 했다. 보통 고기와 쌀을 샀다. 고기가 없으면 단백질이 될만한 것 무엇이든 쟁여야 했다. 다음 날 걸어갈 힘에 보태기 위해서였다. 장바구니 한 편에는 아침 녘에 먹을 바게트와 햄, 그리고 치즈도 챙겼다. 스페인에서 꼭 맛봐야 한다는 납작 복숭아와 상그리아를 계산대에 가져가는 일도 빼먹지 않았다. 돌아온 알베르게 부엌에서 각자의 몫으로 손을 거들다 보면, 밥과 삼겹살, 가끔은 홍합탕, 닭볶음탕 등이 뚝딱 차려지곤 했다. 나는 늘 배부르게 먹었다.

어느 저녁에는 스페인 순례자들과 조국의 대표 음식을 나누어 먹기로 약속했다. 우리의 메뉴는 찜닭이었다. 현지 마트에서 재료를 쉬이 구할 수 있고, 순례길의 서너 밤은 찜닭으로 허기를 달랠 만큼 익숙하게 조리했기 때문이다. 우리가 대접할 만찬에는 여느 찜닭과 다른 마법의 소스도 들어갔다. 다름 아닌 콜라였는데, 그것을 프라이팬

안에 콸콸 부을 때면 누구든지 경악을 하곤 했다. 그러나 음료의 단
맛이 농축된 고기 한 점을 건네받아 먹은 이들은 하나같이 엄지손가
락을 치켜들곤 했다. 그러면 얼마나 뿌듯하던지. 여하튼 이날도 능숙
하게 손질한 닭, 그것도 무려 세 마리나 되는 닭을 달달한 콜라로 팔
팔 끓여내었다. 먹음직스럽게 담은 음식을 테이블에 대령할 때까지
도 스페인 팀의 대표 쉐프인 다니는 부엌에서 뒤집개를 들고 씨름하
던 중이었다. 기다리는 동안에는 무슨 요리가 나올지 내심 기대가 되
기도 했다. 빠에야(Paella)려나, 타파스(Tapas)려나. 그런데 그가 담
은 음식은 뜻밖에도 또르띠야(Tortilla)였다. 한국어로 직역하면 작고
납작한 케이크, 우리나라 핫케이크를 닮은 간식이었다. 한 사람당 한
몫씩 먹어도 모자랄 법한 왜소한 크기에 잠시간 침묵이 흘렀지만, 역
시 한국인은 유별나게 손이 큰 민족이라는 결론으로 잔을 들고 건배
했다. 나중에 알고 보니 스페인에서는 그 저녁에 본래 조그마한 간식
을 삼킨다고 했다.

이부자리로 들어가기 전엔 빨래를 걷으러 갔다. 스페인은 태양이
강한 곳이라 옷감이 잘 마르곤 했다. 혹시나 마르지 않아도 괜찮았다.
다음날 배낭 위에 젖은 옷을 주렁주렁 매달고 걸으면 되었다.

참, 깊은 잠에 들기 전에는 어쩌다 이 기나긴 길을 걷게 되었는지 떠
올려보려 했는데, 늘 무리한 시도였다. '피렌체에서 단단히 머금은
결심, 가을처럼 허영심과 욕심을 버리…'까지 생각할 즈음 이미 의

식을 잃었기 때문이다. 그러나 일일이 상기하려 애쓰지 않아도, 무언가 가지런해지고 있는 것이 느껴졌다. 오늘 하루에, 일용할 양식에, 아픈 다리에, 특히 함께 있는 사람들의 안부에 충실할 수밖에 없어서가 아닐까. 물론 더디다. 더디긴 하지만, 언젠가는 가을이 오게 될 지도 모르겠다.

26
이별에 대하여

7월 9일,
매우 맑음

언제나 시끄럽게 북적였던 순례길의 새벽녘이 오늘은 잔잔하기만 했다. 주위를 쓱 둘러보니, 눈을 뜨고 짐을 챙기는 순례자는 오로지 나뿐이었다. 엊저녁에 이별주를 마셨던 동행들은 여전히 곤한 잠에 취해 있었으니 말이다. 숨소리를 뒤로하고 나서려는데, 그제야 문고리를 혼자 잡는 것도, 깨워주거나 재촉하는 이가 없는 것도 모두 보름 만에 처음임을 깨달았다. 그때 적막한 기류를 뚫고 성큼 다가온 것은 새삼스럽게도 외로움이란 감정이었다.

오늘부터 걷는 곳은 부르고스부터 레온에 이르는 메세타(Meseta)구간이었다. 지평선이 선명한 평원과 갈대밭 말고는 아무것도 없을뿐더러 마른 몸을 뉠 그늘조차 드문 터라 버스를 타고 넘어가는 사람이 많은 곳이다. 동행했던 이들도 오늘 그

220

버스를 탈 거라고 했다. 그래서인지 동이 떠오르는 내내 순례자는 거의 보이지 않았다. 게다가 오늘따라 순례길의 나침반인 노란 화살표도 듬성듬성 출몰했다. 불안했다. 과연 잘 가고 있는 걸까. 함께 걷는 이가 있을 때는 머리를 맞대고 고민이라도 할 수 있지만, 혼자서는 그럴 수가 없다. 다음 화살표가 눈에 띄기 전까지, 갖은 의심과 불안을 안고 어렵사리 나아갔다.

날이 완연히 밝았을 때가 되어서야 빨간 배낭을 멘 순례자 한 명을 만날 수 있었다. 다리 한쪽을 힘겹게 끌며 걷고 있는 뒷모습이 다소 안쓰러워 보였다. 하지만 그런 것치곤 다가가 마주한 얼굴이 몹시 환했던 사람, 그녀는 자신을 이탈리아에서 온 엘레나라고 소개했다. 우리는 공통점이 많은 사이였다. 나이도 비슷하고, 어깨에 짊어진 짐 크기도 엇비슷하며, 머리부터 발끝에 이르는 길이도 닮았었다. 게다가 그녀도 보름간 동행해온 이들과 부르고스에서 작별했다고 말했다. 갑자기 다리에 강한 통증을 느껴서 며칠 휴식을 취한 탓이랬다.

"그렇구나. 나랑 비슷하네."

고개를 주억거리다가 엘레나의 새빨간 배낭을 보게 되었다. 뼈가 부

러진 친구의 깁스에 얼른 쾌유하라고 낙서하는 우리네 문화처럼, 그
녀의 배낭 전면은 까만 네임판으로 무어라 작성된 글들이 가득했다.

"엘레나 이게 뭐야?"
"이건 친구들이 헤어지기 전에 나에게 써준 편지야."

가만히 들여다보니 낯익은 문자가 보였다. 한국어였다. 엘레나는
동행중에 한국인도 있었다고 했다. 그러곤 내게 무슨 의미인지 해석
해달라고도 했다. 나는 한 글자씩 뜯어보며 읽어주었다. 그런데 마
지막 구절에,

'사랑한다, 친구야.'

　라고 또박또박 적혀있는 걸 보게 되었다. 얼마나 힘주어 적었는지, 빳빳한 천에 적힌 검은 글씨가 진하게 번진 것도 보였다. 그에 걸맞게 또랑또랑 읽어줘야 하는데, 갑자기 목소리가 떨려왔다. 오늘 새벽, 매일 서로를 깨워주던 이들과 이별한 나로서, 얼굴도 모르는 발신이의 마음을 알 것 같아서였다. 나는 잠시 조잘거리던 입을 꾹 다물었다. 그저 엘레나의 절뚝이는 보폭에 맞춰 천천히 걸어갔다. 머릿속엔 자꾸 어제 본 얼굴들이 일렁거렸다.

　그러고 보면 그렇다. 숱한 시간과 광막한 공간을 뚫고 우연히 마주친 우리는 여행자란 이유로 서로를 부지런히 신뢰한다. 그래서 순식간에 자기감정을 쏟아내고, 들어주고, 믿어주다가 금세 정이 들어버린다. 그러다 결별을 고하는 순간, 우리는 견딜 수 없는 아쉬움을 느끼곤 한다. 아마도 함께하고 싶지만 더는 그럴 수 없어서, 혹은 앞으로 다시 만날 수 없을지도 몰라서, 적어도 이곳에선 그렇다는 걸 알아서이다. 그래서 아쉽다 못해 쓸쓸하고 헛헛한 감정마저 느껴버린다. 가끔은 서로를 끌어안고 흠뻑 흠뻑 울기도 한다. 살면서 명확한 이별을 겪어본 적이 없는 사람에겐 이러한 감정들이 도무지 낯설기만 할 테다.

하지만 돌이켜보면 우리 인생에서 이별 자체는 낯선 것이 아니다. 사실 모든 순간이 이별이었다. 어제 알베르게에서 우리를 반겨주던 봉사자도, 나를 위해 기도해준 신부님도, 쌀쌀했던 밤바람, 노릇했던 밀알도, 지나가 버리면 전부 이별이 된다. 그러나 이별의 순간을 자각하는 건 얼마 되지 않는데, 대게는 좋은 인연을 만났을 때이다. 그러니까 어떤 이와 의연하게 헤어질 수 없는 이별이라면, 그만큼 아끼고 사랑하는 사람을 만났다는 의미가 된다. 그런 이유라면, 이별의 슬픔을 감당해볼만 하지 않을까. 나는 비로소 덤덤히 침을 삼켜낼 수 있었다.

엘레나는 말 없는 내가 걱정되었는지 괜찮냐고 물어보았다. 나는 고개를 끄덕이며, 엘레나의 안부를 물었다. 그녀도 고개를 주억거렸다. 우리는 서로의 보폭을 맞춘 채 다시 걸었다. 모래알을 저벅저벅 밟아 내리는 소리가 유달리 선명하고 가볍게 들리는 무더운 오후였다.

27

엽서 팔이에
대하여

7월 어느 날,
맑거나 흐리거나

아빠는 오래도록 그림을 그렸다고 했다. 수년 전에 붓을 놓은지라 이젠 녹이 슬었을지 모르지만, 내가 태어나기 전만 해도 그는 분명 화가였다고 했다. 그때 충만했던 아빠의 내력이 내게도 스며들었을 거라 막연히 믿은 까닭일까. 에펠탑 앞에서 허망하게 잃은 돈을 충당하기 위해, 나는 다른 것도 아니고 그림을 그려 팔겠다는 계획을 세워버렸다. 그것도 순례길을 걷는 동안 말이다. 실은 그다지 잘 그리지도 못하는 그림이었다. 근래의 이력이라곤 여행길 위에서 종종 다시 보고 싶은 이들에게 이별 선물로 그려준 얼굴뿐이었다. 그러나 조금 닮은 것도 같다며 웃었던 사람들, 마음에 썩 든다고 사진을 찍던 반응을 보면 해볼 만하지 않을까. 그리다 보면 아빠에게 물려받은 유전자가 펜 끝에도 묻어나오는 순간이 오지 않을까. 어차피 뭐라도 해보지 않고서는 수중에 순례길을 완주할 만한 몫이 없었다. 결국 나는 정말 팔아볼 요량으로 그림을 그릴만한 펜과 종이를 사버렸다. 이왕이면 모은 돈의 절반을 기부하겠다는 계획도 그리고 있었다.

  손바닥 크기만 한 종이를 펼쳐보니 넉넉히 백 장은 되는 듯했다. 연습장이 없어서 종이에 직접 그려봐야 했는데, 처음엔 돈을 받고 팔기 민망할 정도로 조촐한 선이었다. 나날이 그려보는 것 말고는 별다른 도리가 없을 것 같았다. 그래서 모두가 잠든 캄캄한 밤, 핸드폰 불빛

에 의지하여 점과 선을 위태롭게 이어보고 지워보길 반복했다. 어느 순간부터는 엽서에 관해 물어보는 이들도 있었다.

"다연, 이거 얼마야?"

스스로 가치를 매겨보자니 어쩐지 민망해졌다. 그래서 순례길에 있는 도네이션 알베르게(Donation Albergue: 정해진 숙박비가 있는 것이 아니라 여력이 되는 만큼, 원하는 만큼 기부하고 이용할 수 있는 숙소)의 섭리를 따르기로 했다.

"네가 내고 싶은 만큼. 맘에 안 들면 1센트만 내도 돼."

이후 엽서는 곧 서로의 시선이 만든 가치에 따라 팔리기 시작했다. 시간이 지날수록 비뚤거린 선이 조금씩 반듯해졌고, 의뢰한 얼굴과 닮지 않았다며 힐난을 받다가도 이따금씩 받은 그림을 가방에서 다시 꺼내어 감상하는 이들도 보게 되었다. 어떤 이는 엽서 위에 사랑하는 사람에게 하고 싶은 말을 적고 우편으로 부치기도 했다. 그날 나는 부디 편지가 길을 잃지 않고 무사히 전달되기를, 마음 깊이 기도하며 잠들었다.

어느 낮에는 체코에서부터 순례길까지 걸어온 현명 오빠를 만나게 되었다. 연일 제일 저렴한 바게트로 끼니를 때우던 사람, 나보다도 가진 몫을 알뜰히 쓰던 그도 엽서를 보더니 대뜸 5유로를 건네었다. 바게트를 열 개나 쟁여둘 수 있는 값이지만, 그는 자신도 길 위에서 많은 도움을 받았으니 나도 받으라고 했다. 그때 받은 5유로의 지폐와 사람 좋던 미소는 한동안 머릿속을 너울거렸다. 그에게는 숫자로 헤아릴 수 없는, 더없이 소중한 값이라는 것을 알았기 때문이다.

100유로가 담긴 봉투를 받은 적도 있었다. 남미에서도 만난 적 있는 현동 오빠는 작별을 고하기 전, 돈이 담긴 흰 봉투와 내가 그린 엽서를 교환해갔다. 봉투 안에는 꾸깃한 쪽지도 한 장 담겨있었다.

'다연아, 그새 다른 사람의 배를 불리할 생각을 했구나. 나보다 네가 쓰는 100유로가 더 가치 있을 것 같다.'

그때 쪽지 안에 적힌 문장은 귀국행 비행기를 탈 때까지 몇 번이고 읽어보았다. 당신 말대로 정말 그렇게 살아야겠다고, 여행이 끝난 이후에도 쭉 그러겠다는 마음을 다지며.

그렇게 서른 밤을 걸었다. 생장에서 출발하여 대성당에 이르는 날까지, 받은 돈을 헤아려보니 170유로가 넘었다. 스쳐 지나가거나, 혹은 오래간 함께한 사람들이 혼자서는 결코 걸을 수 없었던 길을 끝까지 걷도록 엽서를 산 것이었다. 기부제라는 명목으로 당신들의 마음에 가치를 맡겼던, 어쩌면 부담이 되었을지 모를 엽서일 텐데. 그들은 기꺼운 마음으로 함께했다.

돌이켜 생각해보면 그들은 엽서가 아니라, 이 길을 반드시 걷고자 하는 내 절절한 의지를 사줬을 테다. 그러니까 내가 받은 지폐는 버겁게 그려낸 엽서 값이 아니라, 어느 따듯한 이들의 응원이자 위로요, 어려운 이들을 위해 기꺼이 자기 몫을 내어주려던 환대였을 것이다. 그 다정다감한 마음이 고마워서 코끝이 찡해졌다. 산티아고 대성당에 도착하는 날에는 불가능할 것 같은 길을 걸어냈다는 성취감에 겨워 눈물이 난다고 하던데. 나는 엽서를 산 이들의 얼굴이 떠올라서 눈꺼풀이 촉촉해졌다. 당신들에 대한 견고한 감동과 감사의 눈물이었을 테다.

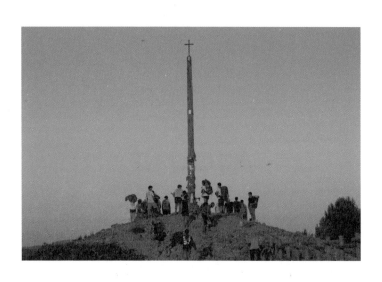

AUGUST

S	M	T	W	T	F	S
	①	2	3	④	5	6
7	8	9	10	11	12	13
14	15	16	17	18	19	20
21	22	23	24	25	26	27
28	29	30	31			

● 포르투칼, 리스본

↓

● 대한민국, 인천

28
종말에 대하여

가끔 시간이 무서울 때가 있다. 갖은 노력을 해도 붙잡히지 않는 것, 만고의 풍상 속에서도 지독할 정도로 태연하고 일정하게 흘러가는 무형의 존재. 그것이 멈추길 바라던 어떤 날에는 시계의 초침을 뜯어내면 될까도 싶었는데, 곧 바보 같은 생각임을 깨달았다. 시곗바늘은 추상적인 대상을 그저 보기 좋게 형상화해 두었을 뿐, 그걸 만진다고 시간까지 바꾸거나 조종할 수 있는 것은 아니었다. 그러니까 세상에 있는 모든 초침이 부러지더라도 시간은 도무지 멈출 수 없는 것이었다. 그 당연한 사실을 이따금 상기할 때면, 온몸이 무기력해지기도 했다. 세상에는 어떤 노력으로도, 갖은 시도로도 불가능한 게 있구나 싶어서.

여하튼 그런 시간의 흐름 속에서 여행이 끝나는 날도 가차 없이 도래했다. 그러니까 8월 2일, 길고 긴 여행의 종지부를 찍는 마지막 날도 필연적으로 다가와 버린 것이다.

그날 나는 포르투갈 리스본(Lisbon)에 있었다. 아침부터 묘한 기분으로 눈을 떴고, 마지막을 어찌 보내야 할지 좀처럼 갈피를 잡지 못한 채 한참토록 누워있었다. 아무 일도 아닌 듯이 보내기엔 어딘가 개운치 않은 느낌, 그렇다고 파티라도 하며 보낼 만큼 각별히 여기는 건 아니었다. 이제 더는 그러한 미련이 없었다. 그래도 무려 열 달 동안 버텨온 여행의 마지막 날인데 누워만 있을 수는 없을 노릇. 결국, 이런저런 잡다한 상념 속에서 내가 내린 결론은 싱겁지만 일기를 쓰러 가는 것이었다. 숙소에서 쓸까도 싶었지만, 그러면 한국에서 쓰는 것과 다를 바가 없다는 말로 나 자신을 겨우 설득하며 찌뿌둥한 몸을 깨웠다. 그리곤 펜 하나와 낡고 케케묵은 일기장 한 권을 들고 밖으로 나섰다.

비좁고 미로 같았던 골목을 지나 알파마지구(Alfama District)의 전경을 볼 수 있는 포르타스두솔(Portas do sol) 전망대에 올라갔다. 포르투갈 리스본의 낡고 오래된 빨간 지붕, 그리고 적요한 테주강(Tejo River) 일대가 한눈에 폭 담기는 곳이었다. 해가 나직하게 질 무렵인

지라 마을이 온통 불타고 있었으며, 강 너머에서 불어오는 찬 바람에 머리가 얼기설기 엉키기도 했다. 집요한 바람이었다.

나는 그 바람을 뚫고 일기장을 폈다. 죽기 전에 생의 모든 기억이 파노라마로 펼쳐진다는 말처럼, 여행의 종말을 앞둔 나에게도 여행의 태초부터 오늘에 이르는 모든 순간들이 촘촘하게 떠올랐다. 웃고, 울고, 떠들고, 화내고, 미워하고, 무서워하고, 궁극에는 사랑했던 기억, 그리고 비참한 수모를 겪기도, 다정한 위로를 받기도 했던 자질구레한 기억까지. 문득 그 속에서 무엇이 달라진 것 같냐는 질문을 던져보다가도 제풀에 손사래를 쳤다. 달라지지 않았다. 모든 것은 그대로였다. 오랜 통곡에서 탈피한 것도 아니고, 좋은 사람이 된 것도 아니었다. 그저 일생의 어떤 시간을 타국의 공기로 사치스럽게, 혹은 아름차게 채우며 보냈을 뿐이었다. 어쩌면 태어난 이래로 가장 많은 것을 쏟아부었던 여행의 단상은 처참할 정도로 허무한 것 같다.

그러나 그간 달라진 생각 정도는 있었다. 살면서 변했냐, 아니냐는 그다지 중요치 않다는 점이다. 것보다 중요한 점은 어떤 사람으로 변하고 싶은지 스스로 정하는 일, 사람은 변할 수 없다며 단정하지 않는 일, 내일 조금 더 나은 사람이 되려는 노력을 포기하지 않는 일이다. 그러다 보면 어느 순간, 조금은 엉성하더라도 정성과 온건한 마음으로 빚어낸 모습이 좋은 사람을 성큼 닮게 된 날도 오지 않을까. 어쩌면 여행의 끝자락에 좋은 사람이 되지 못한 것이 다행일지도 모른다는 생각도 든다. 적어도 여생 동안 그만두지 않고, 마음의 소리에 부단히 귀 기울이며 살아갈 수 있으니 말이다.

일기에는 그렇게 적었다. 하늘을 바라보니 해가 지고 있었다. 마치 또 하나의 인생을 사는 것만 같던 기나긴 여행처럼 지고 있었다. 하지만 인생은 오늘같이 죽음을 대비할 수 없다는 점에서 여행과는 다르다. 생의 종말은 대개 갑작스럽고 요원하게 찾아온다. 그래서 마지막을 정해놓고, 그간의 기억을 가지런히 정리해보는 건 여행 속에서나 가능한 일이다. 인생도 그렇게 죽을 수만 있다면 얼마나 좋을까. 그러나 우리에게 그런 인생이 없다는 사실을 되씹다 보면, 앞으로 돌아간 생에서 어쩐지 무엇이든 더 많이 사랑하며 살아갈 수 있을 것도 같다.

창공에 한 뼘쯤 남아있던 리스본의 해는 너울너울 지다가 곧 바다 너머로 잠식되었다. 평온한 종말이었다.

어 느 여 행 자 의 케 케 묵 은 일 기 장

초판1쇄 2020년 4월 15일
초판2쇄 2020년 5월 15일
지 은 이 김다연
펴 낸 곳 하모니북

출판등록 2018년 5월 2일 제 2018-0000-68호
이 메 일 harmony.book1@gmail.com
전화번호 02-2671-5663
팩   스 02-2671-5662

979-11-89930-32-5 03900
© 김다연, 2020, Printed in Korea

값 18,800원

이 도서의 국립중앙도서관 출판예정도서목록(CIP)은 서지정보유통지원시스템 홈페이지
(http://seoji.nl.go.kr)와 국가자료공동목록시스템(http://www.nl.go.kr/kolisnet)에서 이용
하실 수 있습니다.
CIP제어번호 : CIP2020009777